WHAT
DID
FRANTZ
FANON
SAY?

法农说了什么

[美] 路易斯·R.戈登 ◇ 著

李蓓蕾 ◇ 译

ZHEJIANG UNIVERSITY PRESS
浙江大学出版社
·杭州·

图书在版编目（CIP）数据

法农说了什么 /（美）路易斯·R. 戈登著 ；李蓓蕾
译. -- 杭州 ：浙江大学出版社，2024. 12. -- ISBN 978-
7-308-25795-4

Ⅰ．B4；C912.4

中国国家版本馆 CIP 数据核字第 202558GW52 号

法农说了什么

[美]路易斯·R. 戈登　著　李蓓蕾　译

责任编辑	马一萍
责任校对	陈逸行
封面设计	雷建军
出版发行	浙江大学出版社
	（杭州市天目山路 148 号　邮政编码 310007）
	（网址：http://www.zjupress.com）
排　　版	杭州浙信文化传播有限公司
印　　刷	杭州宏雅印刷有限公司
开　　本	710mm×1000mm　1/16
印　　张	13
字　　数	176 千
版 印 次	2024 年 12 月第 1 版　2024 年 12 月第 1 次印刷
书　　号	ISBN 978-7-308-25795-4
定　　价	88.00 元

致　简（Jane）

用行动赋予语言力量，以语言提升世界。

——弗朗兹·法农

沉默之中无自由。

——史蒂夫·班图·比科

译者序

弗朗兹·法农（Frantz Fanon，1925—1961）及其思想对非洲及世界其他地区和国家的民族解放事业、去殖民斗争，对世界非洲流散政治理论阐发、思想体系建构以及文艺创作与批评产生了颇为深远的影响。今天，我们仍然需要阅读法农的作品，从而理解和研究法农，并将这位英勇睿智的思想家、革命家和作家的话语、思想、希冀置于 21 世纪的世界现实图景中作新的考察与解读，继续思考新世纪人类的生存与存在，构建人类世界的更多可能性。

路易斯·R. 戈登教授的《法农说了什么》是当代法农研究的重要成果，非洲著名作家、《乌鸦巫师》的作者恩古吉·瓦·提安哥评价，"在路易斯·戈登的笔下，《法农说了什么》变成了弗朗兹·法农今天对我们说的话。戈登的法农是个多面的思想家，法农在《黑皮肤，白面具》和《世界上的受诅咒之人》等作品中，看到了这一切并用火一样的话语给予了表达"。这部作品主张回归法农作品文本，透过对法农的话语、思想与理论的深度阐释，引导我们重访法农的时代与社会，重访法农跨越精神病学、哲学、政治学、精神分析学、人类学、社会学、文学等多学科、多领域的科学与人文研究以及知识实践，它为我们思考今天与人类处境息息相关的诸多问题、思考全球南方面对的诸多现实带来了新启迪。

戈登教授对法农及法农思想的探讨并不限于深度发掘他的理论贡献与革命实践，而是为我们全方位地还原了一幅丰富、复杂的法农思想地图。而且，戈登教授就以往研究中存在争论和较少涉及的关键问题作了解读，例如法农思想对跨种族关系的观察与思考、法农与萨特在黑人主义等议题上的分歧与共识、法农对布鲁斯音乐的理解所存在的局限性，等等。戈登的《法农说了什么》元批评特色鲜明，无疑是当代法农研究、种族研究、去殖民研究、非洲及非洲流散文学研究不应错过的一部力作。

李蓓蕾

于浙江安吉

序

在弗朗兹·法农离世 50 多年后，他仍然在继续点燃人们强烈的激情。路易斯·戈登称他为"亡命思想家"，法农已经成为人们崇拜或者既仇恨又畏惧的对象，在法国尤为如此。直至今日，法国的学术界尚未完全将他视为一位可以被合法阅读和讨论的作者。左翼人士引用他的言论，更多的是提及他的名字，但他们对他的著作却不甚了解。在他们的心目中，他就是"讲法语的切·格瓦拉"。切·格瓦拉是一个反种族主义者、反殖民主义者，在某种程度上，切·格瓦拉代表浪漫的形象，他成了一个受欢迎的英雄，出现在青少年们贴在房间墙壁的海报上或者马克杯和 T 恤上，可是却几乎没有人再阅读他的著作。法农和切·格瓦拉都是医生，都深度参与过革命运动，都英年早逝，他们的离世都引起了大众的关注。但他们中的一人虽然年轻，却是他所处的世纪中最具独创性的思想家之一，或许是最具独创性的那一位——是思想领域的莫扎特，而且是黑人。当然，我说的是法农。

古代的文学，包括荷马的《奥德赛》和维吉尔的《埃涅亚纪》，教会我们在面对光明、生活、爱和行动之前，有必要经历穿越地狱的旅程。西格蒙德·弗洛伊德在他的《梦的解析》中引用了维吉尔的一句话作为开篇，"若我无法感动天堂，我将撼动地狱"①，其他什么也没说。根据

---

① "如果我不能转移天堂的意志，那么我将撼动地狱。"

爱德华·赛义德的说法，法农无疑是"弗洛伊德最有争议的后继者"①。这句来自《埃涅亚纪》的诗句也是 19 世纪德国第一个工人党的领导人费迪南德·拉萨尔的座右铭。工厂和矿山看起来确实像地狱！在《黑皮肤，白面具》中，理论创立经历了这种徘徊于地狱之中，又从其中摆脱出来的过程，并走向去殖民思想的高度（或者光明）。这首著名的意大利诗歌似乎构成了路易斯·戈登阅读法农的背景，也是在这首诗歌中，我们通过但丁的双眼看到了一切，而但丁则是受到维吉尔的引导。戈登的书在这个极其复杂和深邃的文本中引导我们，并且使我们能够追随法农，那么，我们不能仅仅将他的话语视为对一些理论著作的解读。法农的思想不是对西方思想成果的补充，它带有某些特殊特征：一位"黑人"作家致力于一种过时的反殖民主义事业。《黑皮肤，白面具》既是一道鸿沟，也是一座桥梁。正如戈登所写，"一种新型文本诞生了"。然而，这一文本与人类文化产生共鸣，并为我们正在构建的未来人性——我们仍在为之奋斗和等待——作出了重要贡献。

对于戈登来说，《黑皮肤，白面具》似乎确实是法农的重要哲学著作，他以这部文本为依据与基础解读了法农的其他作品和整个人生。这为我们提供了非凡的洞见，尽管在法国，我们习惯于优先考虑《全世界受苦的人》（戈登更愿意译为《世界上的受诅咒之人》）或者用英语表述的《全世界的悲惨之人》，以及他在阿尔及利亚时期所写的那些文章。实际上，法农来到阿尔及利亚时，他对阿尔及利亚的社会知之甚少，这个社会已经被法国殖民统治②系统性地摧毁了。他对该国历史的了解也很有限。在法国时，他接触过一些阿尔及利亚的患者，但也仅限于此。然而，

---

① 爱德华·W. 赛义德：《弗洛伊德与非欧洲人》，伦敦：韦尔索出版社，2003 年，第 18 页。

② 参见本杰明·克劳德·布鲁尔：《一个名为和平的沙漠：法国的帝国在阿尔及利亚撒哈拉的暴力，1844—1902》，纽约：哥伦比亚大学出版社，2011 年。

作为一位非常有能力的精神病医生、一个优秀的人，他密切关注人们的言语、感受和行为方式。在一个黑人仍然被种族化的国家，比如认为他们是奴隶的后裔，像在毛里塔尼亚（阿尔及利亚和摩洛哥也保持着这种称呼方式）他们被称为"哈拉丁人"，法农以法国人和黑人医生的身份定居下来，从不将患者视为"他者"，而是将其视为他自己或人类主体来对待。在他建立其精神病学方面的实践与他的政治事业之间的联系时，他的个人经历以及他从中构建出理论的方式起到了决定性的作用。这在涉及妇女问题时尤为明显。与电影制片人吉洛·彭泰科沃出色的电影《阿尔及尔之战》（1966 年）中的描绘类似，法农非常了解女性服饰规范的政治意义以及女性如何在这些规范中行动以表达我们现在所说的"她们的能动性"。

但是，我想在这里和读者聊聊法农与查尔斯·热罗米尼共同发表的一篇论文。热罗米尼是布利达医院的一名医学住院医生，他也加入了阿尔及利亚民族解放阵线。这篇论文是 1956 年在外国精神病医生（精神病学家）大会上发表的，话题十分专业，论文名为《信仰伊斯兰教的女性的主题理解测试（TAT）》。法国研究人员注意到，阿尔及利亚女性无法从她们所看到的图画中创造出一个故事（例如，一个男孩拉小提琴），他们把这个现象归因于她们的"原始主义"。而法农和热罗米尼的解释恰恰相反，他们认为，阿尔及利亚女性没有回答这个测试问题是因为她们进行这个测试时处在一个敌对的环境中，并且"面对着不寻常的对象和无法识别的情境"。因此，没有回答是有意义的；而且，实际上充满了意义。只有沉默、拒绝和革命是恰当的回答。沉默质疑的并不是必须接受测试的阿尔及利亚女性，而是质疑测试本身以及操纵和实施这些测试的心理学家们（种族主义者，我应该加上性别主义者）的种种假设。革命既是政治的，也是认识论的。当法农和热罗米尼将被殖民的男人和女人视为完全的主体，完全合法化他们的个体的和社会的经验时，法农和热罗米尼便迫使西方和欧洲的社会科学和医学科学对自身进行批判性的审视。50年过去了，要达到这种反思阶段仍然有很长的路要走。法农在这个方面作了进一步的探讨。在同一年（1956年），他指出，与西方世界发明了用于隔离和监禁所谓的疯子的机构不同，阿拉伯和伊斯兰世界创建了护理中心——在这些护理中心，就像在精神分析学家的办公室一样，"病人的信誉得以保持完整"。这句话值得注意。病人所说的和感受到的得到了认可。因此，在移情和反移情的实践中，我们必须相信他或她——无论他或她的肤色如何，无论他或她的信仰如何，在那里，人的情感和梦想可以同尽力深入地分析自己的经验的那个人——写下《黑皮肤，白面具》的这个男人——分享。

在20世纪50年代的阿尔及利亚，分享情感和梦想、试图帮助人们克服痛苦意味着加入革命。这就是法农对我们这一代人如此重要的原因。阿尔及利亚解放战争爆发时，我们还只是十几岁的青少年或者年纪尚轻的青年人。那是一个充满静默和恐惧的时期。很少有消息从阿尔及利亚传来。在巴黎，阿尔及利亚人遭受威胁。由于严苛的审查制度，大多数报纸上都有大片空白。我们努力想象那些空白处可能写着什么。我父母订阅了周报《快报》，我可以在上面读到一些非常罕见且相当小心谨慎的关于正在发生的事情的证词。这足以让人觉察一场非常肮脏的战争正在进行。1958年1月，杰罗姆·林登英勇地出版了亨利·阿莱格撰写的书《问题》。亨利·阿莱格是一名犹太记者、共产党员，也是阿尔及利亚报纸《阿尔及尔共和国报》的主编。"问题"这个词有着双重含义：既是问题，也是与英语中的"质询"一词相似的拷问。亨利·阿莱格讲述了他曾被法国军队的人关进监狱并遭受残酷拷打的经历，法国军队想要获取有关党派其他成员的信息。第一版出版后，这本书被没收了，提及这本书的那些报纸也被没收了。然而，它却秘密地流传开来。那时，我刚开始在巴黎索邦大学攻读哲学，我还记得我们所有人都很渴望得到一本读一读。我们的朋友、男朋友、丈夫们一个接一个地作为士兵前往阿尔及利亚，但无论是他们的信件还是他们回来之后，都没有谈论他们看到或者做过的事情。这种沉默对法国的一些政治和社会倾向仍然产生着重大影响。我们要求结束这场殖民战争的示威游行遭到了严重镇压。的确，那种殖民暴力的主要目标是阿尔及利亚人。

1961 年 10 月，当时参加和平示威的阿尔及利亚人的尸体在塞纳河被发现。几周之后，《世界上的受诅咒之人》出版了。直到现在都没有人确切地知道到底有多少人被杀害了。这本书的第一版被没收了。但是，我们都想读它，而且我们也读了。终于，我们能够用言语来表达我们那支离破碎的经历。我必须承认，50 多年过去了，我仍然在一次又一次地阅读法农的作品。而且每一次，我都能找到一些新的东西帮助我进一步思考。20 世纪 60 年代和 70 年代的革命希望已经破灭，但是法农仍在，因为正如路易斯·戈登精巧地展示的那样，法农的写作和思考方式有一些全新和真实的东西，摆脱了所有以西方为中心的男性学者的成规话语。为了让我们了解法农真正说了什么，路易斯·戈登为我们开辟了一条通往与他所谓的"纪律衰落"彻底决裂的道路，以及通往法农在《世界上的受诅咒之人》结尾处所呼唤的那种"新的皮肤"，那种"新的思考方式"的道路。

索尼娅·达扬－赫茨布伦

前　言

这本关于弗朗兹·法农的书的写作始于我在罗得岛普罗维登斯的布朗大学任教期间。然而，由于十年中家庭悲剧的发生以及与费城的一些学术管理者之间的政治斗争，这个项目曾一度被搁置。后来，我在法国图卢兹大学担任欧洲联盟哲学访问教授时，才又继续撰写它，并在我现在任教的康涅狄格大学斯托斯分校最终将其完成。当时，我有幸成为南非罗兹大学纳尔逊·曼德拉客座教授，并继续与图卢兹大学进行合作。这种跨地区的移动，尽管伴随着许多富于挑战的考验和困难，但无疑是与这样一本关于思想家的著作相称的。我与法农的关系始于我的童年时期，那时，我的舅舅沙利姆·所罗门（他从非洲犹太人转变为拉斯塔法利亚教徒）把法农的书带回了家。多年来，黑人解放思想一直是我坚定的指引。在我1993年完成的博士学位论文中，我融入了法农的一些观点。这位卓有洞见的思想家成了我的知音。我承担起了他所建议的事业，即履行我这一代人的使命，这些使命至少包括以下两项：为未来创建新的概念，并且尽我所能地更好地理解过去。我希望我的努力能为他带来荣耀。

多年来，这本著作的完成得到了许多支持我的同事、朋友和家人的帮助。我要感谢在法农及相关议题上与我对话的人们：丽莎·安德森、艾蒂安·巴利巴尔、迈伦·比兹利、珍妮特·博格森、纳胡姆·钱德勒、乔治·西卡里洛－马赫、加里克·库珀、德鲁西拉·康奈尔、丹妮尔·戴维斯、索尼娅·达扬－赫兹布伦、米雷耶·法农－门德斯－弗朗斯、艾伦·费德尔、奈杰尔·吉布森、拉蒙·格罗斯福格尔、奥斯卡·瓜迪奥拉－里韦拉、伦纳德·哈里斯、佩吉特·亨利、阿卜杜勒·贾纳穆哈迪、瓦什纳·贾加纳特、普拉弗拉·卡尔、泰奥德罗斯·基罗斯、尼古拉斯·孔普里迪斯、罗泽娜·马特、雅克林·马丁内斯、德维森·门德斯·福斯蒂诺、沃尔特·米尼奥洛、P.马博戈·莫尔、玛丽莲·尼西姆－萨巴特、理查德·皮特豪斯、亚历杭德罗·德·奥托、卢修斯·T.奥特劳、旺迪亚·恩乔亚、林恩·奥索姆、让－保罗·罗基、里卡多·萨宁·雷斯特雷波、蕾妮·怀特、西尔维亚·温特，还有我之前和现在的学生们：伊穆迪亚·诺曼·阿贾里、文斯·比弗、艾佩克·萨拉奇－伯内特、塔尔·科瑞姆、道格拉斯·菲塞克、格雷格·格雷厄姆、德文·约翰逊、马修·科斯、利奥尔·莱维、纳尔逊·马尔多纳多－托雷斯、汤姆·米格尔、迈克尔·莫纳汉、马修·勒诺、尼尔·罗伯茨、罗斯梅尔·达·席尔瓦、科琳娜·塞桑克、埃里克·塔克、威尔·塔克、查斯·沃克和阿丽拉·沃尔登－格林菲尔德。此外，我想感谢：加勒比哲学学会那一群出色的学者组成的优秀团队，我在过去十年主持了法兰兹·法农奖和尼古拉斯·纪廉奖；我一直积极参与的其他团队，如南非格雷厄姆斯敦的"生于抗争"哲学学会、荷兰的荷兰奴隶制研究所、印度巴罗达的当代理论论坛、牙买加莫纳的加勒比思想研究所、巴巴多斯海湾的凯夫希尔哲学研究所；以及我在开展伊拉斯谟项目时遇到的同事们，法国图卢兹大学哲学系的同事们；当然还有康涅狄格大学斯托尔斯分校哲学系、非洲流散研究所、亚洲研究所、情感智商研究所、犹太学研究所和人文学院亲爱的同事们。

这本书的第三章和第五章中有两个部分的内容曾分别发表于《C. L. R.詹姆斯杂志》(*C. L. R. James Journal*)和法国期刊《喧嚣》(*Tumultes*)。发表在《喧嚣》上的文章也曾以英文形式刊登于奈杰尔·吉布森的《铭记法农》（*Living Fanon*）上。在第五章出现的照片经米雷耶·法农－门德斯－弗朗斯和欧利维尔·法农的许可通过跨校际微电子中心（IMEC）获取，我向他们表示衷心的感谢。

　　我还要特别感谢我已故母亲最好的朋友，我的洛拉婶婶，她对我的家庭的帮助让我能够踏实地在法国度过一段非常宝贵的时光，在这期间，我完成了本书第四章和第五章的撰写。马修、詹妮弗、路易斯、苏拉和伊莱贾，感谢你们在我进行写作和编辑的无数个夜晚所给予的耐心。我的妻子简，我将此书献予你：你我携手在人生旅程中走过了20多年的岁月，我们分享的许多事物都是从法农的思想中获得的灵感。在我看来，最重要的是，你即是爱、思想与生活。

导　言　论一位伟大的思想家说了什么

　　谈论一个思想家的言论往往会引来批评者近乎膝跳反应式的回应，他们会质疑这个说话的人说的是不是"真实的"言论，然后提出"不然还想说什么呢?"这样的诘问。要理解某个人所说的话，特别是公开发表的言论，就需要我们对这个人进行解读。但是，正如我们所知，即使在这种情况下，某个人所说的话也并不总是他真正想表达的，他真正想表达的内容通常需要作出费力的阐释并提供佐证作家的言语及其语境意义的证据。因此，如果说思想家的本意是其他内容，那就要拿出一种截然不同的而且更具说服力的解读来阐释他的言语的意义，但随着不同层面意义的累积，最终对"真正的意义"的表述变得更加复杂。当作家英勇无畏，富于反讽风格，又充满激情和诗意时，这项工作就更加困难了。

　　弗朗兹·法农是一位主张人文主义的精神病学家、哲学家和革命家，他在 20 世纪的思想和政治领域留下了不可磨灭的印记，其影响力延续至今天的 21 世纪。1925 年，法农出生在加勒比海的马提尼克岛上。在他短暂而慷慨激昂的人生中，他以医学为职业，投身于激烈的思想和政治活动中。他为之奋斗的政治事业将他带到了法国南部的海岸，阿尔及利亚和突尼斯的北部海岸，以及当时的苏联，直至最后他在美国离世。1961 年，他被安葬于阿尔及利亚前线附近的沙漠中的一个烈士墓园。他的逝世结束了法国那份以他为敌对分子的流亡名单的六年历史，也结束了几个法国右翼刺杀组织对他的追杀。

　　那么，这位亡命知识分子是如何成为 20 世纪最有影响力的思想家之一，并在 21 世纪仍然继续产生影响的呢?

法农是杰出的作家、非凡的思想家。他的话语穿透了人们为政治复杂性所作的陈腐平庸的辩解，揭示了一个由活死人的规范统治的世界——正如索伦·克尔凯郭尔所言，在这个世界中，人们"看见"却"仍然选择视而不见"①。人类学家和社会学家彼得·沃斯利以及其他许多传记作家和评论家都称呼法农为诗人。而且，法农警句式的、抒情的风格对于一位既是科学家又是临床医生的哲学家来说是极不寻常的②。通过他的话语，他所揭示的真相或接近真相的东西被带入了诗意的反思之中。他有能力以极为简洁的语言表达重要的思想，而且常常具有说服力且富于激情。

法农对思想史的贡献是多方面的。他之所以能产生持久深远的影响力不仅仅是因为他的思想的原创性，还因为他对同时代的人如心理学家阿尔弗雷德·阿德勒、诗人艾梅·塞泽尔、精神分析学家安娜·弗洛伊德、哲学家兼精神病学家卡尔·雅斯贝尔斯、精神分析学家雅克·拉康、哲学家莫里斯·梅洛-庞蒂、哲学家兼小说家让-保罗·萨特、诗人兼政治家列奥波尔德·桑戈尔、小说家理查德·赖特以及 19 世纪的前辈们如黑格尔、卡尔·马克思、弗里德里希·恩格斯和弗里德里希·尼采的敏锐批评。他的独创性表现在他对他所称的社会生成论的发展，这是一种存在主义现象学的社会分析形式，它既承认社会世界对意义的产生和人类身份的形成的影响，又认识到人类个体的处境与社会和政治制度的发展及维持相关。他开创了一种深刻的反对黑人的种族主义的社会存在

---

① 索伦·克尔凯郭尔:《关于爱的作品：一些话语形式的基督教反思》，霍华德·V. 洪、埃德娜·H. 洪，译，纽约：哈珀与罗出版社，1962 年。
② 参见彼得·沃斯利:《弗朗兹·法农与"流氓无产阶级"》，《社会主义纪事报》，1972 年第 9 期，第 193 页。另见亚历杭德罗·J. 德奥托:《法农：后殖民主体的政治》，墨西哥市：墨西哥学院，2003 年。

主义分析形式，这种分析形式引导他鉴别人类扭曲的理性和当代人类话语中的理性。他对存在问题的理性的探讨使他不断地深化他对"新殖民主义（而非后殖民主义）何以成功地接续了殖民主义？"和"如果要超越这些范畴，需要付出的努力为何远比大多数人会承认或愿意承担的多得多？"这两个问题的解析。他尖锐的批判分析使他诊断出 20 世纪后半叶黑人领袖和第三世界（今天也被称为后殖民时代和"全球南方"）领袖何以陷入依赖（遗憾的是，这种现象一直持续至 21 世纪）的原因。法农的研究呼吁对人类可能性进行重新理解。这种重新理解要求秉持一种彻底批评的理念，以挑战哲学作为终极批判理论和仲裁者的主导地位。在这一方面，法农作出了重要贡献，他对思想及左翼革命者所称的"惯例"进行了后续反思。这些贡献奠定了法农作为 20 世纪最重要的哲学家之一的地位。

　　在 20 世纪 80 年代末和 21 世纪的第一个十年里，尽管法农的作品在法国和许多法语国家被忽视（这种被忽视的情况正在改善），但是"法农研究"在美国和英国学界崭露了头角①。在《法农：批评读本》中，我

---

① 这一发展归功于法国学者和法语学者的工作，他们对法农的研究给予了关注，而且法农的女儿米雷耶·法农－曼德斯－弗朗斯起了催化作用，她领导着法农基金会。相关的学者还包括索尼娅·达扬－赫茨布伦，她在 2007 年组织联合国教育、科学及文化组织（UNESCO）召开了关于法农的会议，以及阿希勒·姆本贝，他在各种法语研究所和智库工作，如非洲的社会科学研究发展委员会（CODESRIA）。此外，还有诸如《非洲发展》（塞内加尔）、《动荡》（法国）、《运动》（法国）、《法国人与法语哲学杂志》（美国、法国）等期刊上的文章，以及越来越多的研究，如马修·雷诺的《弗朗兹·法农：从反殖民主义到后殖民批评》（巴黎：阿姆斯特丹出版社，2011 年），以及伊穆迪亚·诺曼·阿贾里的《种族与暴力：后殖民时代的弗朗兹·法农》（图卢兹：图卢兹让·饶勒斯大学哲学专业博士学位论文，2014 年）。学界对西班牙语和葡萄牙语世界一直保持兴趣，因为法农著作的最新译本以及人文社会科学领域的一些最有影响力的学者的评论即将付印。在这个方面，特别值得注意的是德奥托的《法农》以及安娜·乌塞罗斯·马丁翻译的弗朗兹·法农的《黑皮肤，白面具》（马德里：阿卡尔出版社，2009 年），其中西班牙语版本的《黑皮肤，白面具》由萨米尔·阿明作序，伊曼纽尔·沃勒斯坦作前言，附录包括朱迪丝·巴特勒、刘易斯·R. 戈登、拉蒙·格罗斯福格尔、纳尔逊·马尔多纳多－托雷斯、沃尔特·D. 米尼奥罗和西尔维亚·温特的论文。另外，还有遍布非洲大陆的各种研究所和研究团队，如南非格雷厄姆斯敦的"思考非洲"研究团队，以及在阿尔及利亚哈马国家图书馆举办的学术会议。

和我的合著者将法农研究的发展划分为五个阶段：反应，传记，社会学和政治学，殖民主义、反殖民主义和后殖民主义批评，法农研究对后续思想发展的实用性。这五个视角可以透过以下几个问题重新表述：为什么法农对保守派和自由派来说是危险的，对一些进步派人士来说是解放的，对其他人来说是令人厌恶的？法农的生活为什么会成为有趣的人生？法农对社会政治理论作出了怎样的贡献？法农的思想是"后殖民主义的"吗？为什么法农的思想在人类研究和批判性思想领域对当代理论家是有益的？

对于那些要求具体名字的读者，法农研究的每个阶段都有值得注意的贡献者。在第一阶段中，最为大家所熟知的包括哲学家和政治理论家汉娜·阿伦特、哲学家西德尼·胡克、反殖民主义作家阿尔伯特·梅米、黑豹党成员休伊·牛顿和马克思主义历史学家和评论家杰克·伍迪斯，这些人都卓越不凡。在第二阶段，彼得·盖斯马尔、大卫·考特和艾琳·詹齐尔的批判性传记最有影响力，此后帕特里克·艾伦的精神传记，大卫·梅西详细、往往尖刻又居高临下的宏篇著作，以及艾丽丝·谢尔基的亲切描绘都以迄今为止不不被公众认可的材料提供了见解。在第三阶段，最值得注意的是社会理论家彼得·沃斯利和雷娜特·扎哈尔、政治学家埃马纽埃尔·汉森、非裔理论家切斯特·方托诺、政治学家塞德里克·罗宾逊和政治理论家阿托·塞基－奥图的著作。第四阶段无可争议的领军人物是文学理论家爱德华·赛义德、霍米·巴巴和阿卜杜勒·詹穆哈默德，其他代表学者则包括文学理论家小亨利·路易斯·盖茨、社会学家和文学学者尼尔·拉扎鲁斯以及历史学家和政治理论家阿希尔·姆贝姆贝。第五阶段由心理学家胡赛因·布尔汉和诺埃尔·曼加尼关于法农与心理学的相关性的著作开端，这些著作对研究法农与人类研究或人文学科的相关性产生了影响。在这个阶段，人们开始探讨法农与女性主义理论的相关性，尽管还存在许多矛盾之处，人们还探讨了法农与全球依赖理论的相关性。他在非洲流散哲学和非洲流散批评思想、加勒比海地区哲学和反殖民主义思想、混杂理论、去殖民研究、拉丁美洲哲学、解放哲学以及有时在文学界被称为"理论"的这些领域具有权威性。这些领域的理论家包括伟大的社会理论家、医生和政治活动家史蒂夫·班图·比科，哲学家朱迪斯·巴特勒，政治理论家乔治·西卡里洛－马赫尔，哲学家和法律理论家德鲁西拉·康奈尔，文学理论家和文化批评家纳塔莉·埃托克，政治理论家尼格尔·吉布森，政治学和非洲流散理论家简·安娜·戈登，社会学家和哲学家帕杰特·亨利，哲学家和去殖民理论家纳尔逊·马尔多纳多－托雷斯，去殖民理论家和文化批评家沃尔特·米尼奥洛，哲学家迈克尔·莫纳汉，哲学家 P. 马博戈·莫雷，文学和文化理论家亚历杭德罗·J. 德·奥托，政治理论家理查德·皮特豪斯，政治和非洲流散理论家尼尔·罗伯茨，非洲流散批判理论家赖兰德·拉巴卡，法律和社会理论家博文图拉·德·苏萨，文化批评家和政治理论家弗朗索瓦兹·韦尔热斯，以及文学理论家、小说家和文化批评家希尔维娅·温特。

　　然而，有人可能有不同意见，他们认为存在第六个发展阶段，它是对前五个阶段的描述和表征。换句话说，第六个发展阶段可能是法农研究本身的自我反思阶段。这个阶段的标志性成果包括盖茨对他的文学与文化研究界的同仁们所作的后殖民主义的努力的反思，安东尼·亚历山德里尼、奈杰尔·吉布森和塞德里克·罗宾逊对他们的学界同仁所作的后殖民主义解读的批评，以及自 20 世纪 90 年代以来涌现的关于如何阅读法农的各种批评文集①。此后还有奈杰尔·吉布森、简·安娜·戈登、亚历杭德罗·德·奥托和赖兰德·拉巴卡的重要著作；法语世界的相关著作的数量也在不断增长，著作者包括哲学家伊穆迪亚·诺曼·阿贾里，文学学者、认知语言学家和政治活动家米雷耶·法农－曼德斯－弗朗斯，社会学家和哲学家索尼娅·达扬－赫茨布伦，哲学家埃蒂安·巴里巴尔，阿希尔·姆本贝，哲学家和小说家 V.Y. 穆迪姆贝，政治理论家和历史学家马修·勒诺，文学理论家和评论家让－保罗·罗奇等②。当然，这份名单还不够详尽。

《法农说了什么》的目标是研究法农及其思想本身。因此，这本书不仅涉及他的著作中的文字，也涉及这些文字的精神和意义。这本书还摆脱了在研究非洲裔知识分子时常常出现的倾向，即将他们这些思想家的思想简化为这些思想家。例如：让－保罗·萨特能够评论艾梅·塞泽尔、法农和列奥波尔德·塞达·桑戈尔等黑人知识分子，而不变成"塞泽尔主义者""法农主义者"或"桑戈尔主义者"；西蒙娜·德·波伏娃可以评论理查德·赖特的思想，而不变成"赖特主义者"；德国社会学家马克斯·韦伯能够评论美国非裔社会学家 W. E. B. 杜波依斯的思想，而不变成"杜波依斯主义者"。那么，为什么当黑人作者评论他们的（白人）欧洲同行时，情况会有所不同呢？"标准"的学术研究一直在探讨杜波依斯是赫德尔派、黑格尔派、马克思派还是韦伯派，桑戈尔是否是海德格

---

① 这些包括奈杰尔·吉布森：《重新思考法农：继续对话》，纽约：阿默斯特，人文书籍出版社，1999 年；安东尼·C. 亚历山德里尼：《弗朗兹·法农：批评视角》，纽约：劳特利奇出版社，1999 年；路易斯·R. 戈登、T. 德尼安·夏普利－惠廷和雷内·T. 怀特：《法农：批评读本》，牛津：布莱克韦尔出版社，1996 年。

② 阿希勒·姆本贝认真地讨论了法国学界在法农研究领域长期保持着近乎沉默的态度这一问题，他认为这在很大程度上要归因于法国在阿尔及利亚战争中的失败及其帝国统治的倒台。文章还讨论了法农研究成果在法国的增长，其标志是法农的全部作品得以出版。参见姆本贝：《变化的思想：弗朗兹·法农的作品》，《非洲研究》，2012 年第 71 卷第 1 期，第 19–28 页。这种抹去革命斗争记忆以及法农在其中的重要性的倾向也出现于英语学术界。有关批判性讨论参见 P. 马博戈·莫雷：《在（后）种族隔离的南非定位弗朗兹·法农》，《非洲亚洲研究杂志》（即将出版）。

尔派，法农是否是属于他评论的每一位欧洲思想家的派别——阿德勒派、贝格森派、弗洛伊德派、黑格尔派、胡塞尔派、拉康派、马克思派、梅洛－庞蒂派和萨特派，等等。

　　被边缘化的理论身份问题是法农始终反对的一个主题。这与另一个问题有关，即一些人倾向于将黑人知识分子的成就评判标准简化为他们的传记。批评这种方法的人问道：我们需要多少弗雷德里克·道格拉斯、W. E. B. 杜波依斯和法农的传记才能让人们认识到他们也创造了思想？这仿佛在说白人思想家提供理论，黑人思想家提供经验，而所有人都在从白人思想家那里寻求解释黑人思想家的力量。许多研究伊曼纽尔·康德的成果并没有将康德简化为让－雅克·卢梭（他对康德的道德哲学影响最大）。我的方法是将法农的人生和思想视为他的种种理想的反映，并提醒人们，没有哪个思想家是在真空中萌生思想的。因此，重点不在于谁影响了法农，而在于相较于其他思想家，法农是如何将他所处时代的思想发展到另一个层次的，以及这种发展又是如何使他能够对一些持续至今的理论问题和实际问题发表独特的批评、提出解决方案的。

　　英语世界的法农研究存在一个问题，那就是法农作品的英文译本的数量十分有限[①]。因此，我决定从法语原文中翻译所有的段落，有时可能

---

① 　要了解这些争论和它们探究的问题，参见奈杰尔·吉布森：《50 年后思考法农：法农翻译在"法农研究"内外》，《潘巴祖卡》，2012 年 3 月 14 日，第 576 期。可从潘巴祖卡网站获取 http://pambazuka.org/en/category/features/80744。

不够优雅 ①。翻译这件事又引起了关于本书标题的另一个问题。一定程度上是由于法农的著作仍然存在争议。我发现，甚至有一些杰出的学者也会因为法农根本没有说过的话语而指责他（例如，一位著名学者在某次我做学术报告时曾声称法农称呼他的马提尼克岛同胞马约特·卡佩西亚为"妓女"），某些时候，他们还会因为他的话语是否符合法语中男性或者女性使用的标准表达方式而指责他。情况时不时就变得如此糟糕，以至于我开始怀疑这些学者是否真的花时间阅读过法农的法语原著或者其他语言的版本，还是仅仅从二手资料或道听途说了解了法农，我怀疑他们是否曾经深入思考他的著作，还是仅仅是断章取义，甚至可能连断章取义都算不上。

　　另一个层面可以被称为跨文化和跨种族关系。文化方面体现在法国作者强调法农的法国身份，而种族方面则聚焦他的黑人身份。问题的复杂性在于许多白人学者倾向于回避种族问题，而黑人学者则希望正视这些问题。为了有效地回避种族问题，许多白人和种族消除主义学者倾向于强调文化差异或是法农所书写的种种情形的阶级层面。而许多黑人学者则指出，如果文化和阶级因素真的至关重要，那么法农的著作就不会出现了。换句话说，尽管一些法国白人学者强调法农的法国人身份，但

---

① 本书所涉及的法农著作主要指以下版本：《黑皮肤，白面具》（Peau noire masques blancs，Paris: Editions du Seuil, 1952）；《为了非洲革命》（Pour la révolution africaine: Écrits politiques, Paris: François Maspero, 1964），Josie Fanon 编（本书主要引用的是 1969 年版）；《阿尔及利亚革命的第五年》（L'v, for L'an V de la révolution algerienne, Paris: Maspero, 1959，本书主要引用的是 1979 年版，标题为《革命的社会学》）；《世界上受苦的人》（Les damnés de la terre, Jean-Paul Sartre 作序, Gérard Chaliand 作前言, Paris: François Maspero, 1961，本书主要引用的是 1991 年版本，Paris: Éditions Gallimard）。这些书的英文版分别为 Black Skin, White Masks, Toward the African Revolution, A Dying Colonialism 和 The Wretched of the Earth。最后一本书的标题我有异议，所以在这本书中它将以其恰当的翻译名称《世界上的受诅咒之人》出现。我将在正文中引用时用这个标题，但引用的主要是它的法语版本。如前所述，本书引用的法语版原文是我翻译的。最后，关于未包含在《为了非洲革命》中的法农精神病学著作的集合，参见弗朗兹·法农：《为疯癫去殖民：弗朗兹·法农的精神病学著述》，丽莎·达蒙，译，奈杰尔·吉布森，编，艾丽斯·切尔基作序，罗伯托·贝内杜切作后记，纽约：帕尔格雷夫·麦克米伦出版社，2015 年。

法国社会的种族主义相当严峻，以至于法农在"自己是如何被看待的？"这个问题上有着双重意识，这使他对英语国家的美国非裔理查德·赖特和巴巴多斯非裔乔治·拉明等人的著作感到非常亲近，与这些学者的交往也十分自在，这一点在他处理有关白人的问题时尤为显著。在心理学和精神病学领域，胡赛因·阿卜迪拉希·布尔汉和艾丽丝·切尔基两位专家所描绘的法农形象就是一个鲜明的例子：前者描绘法农时把对种族主义的探讨作为核心，而后者对法农的刻画则更多地将种族主义作为一个令人不快的干扰因素。尽管有些人对此持有不同的观点，但是，许多白人知识分子确实难以认真对待"种族主义社会"这一概念，特别是当这样一个社会滋养了他们的成长，塑造了他们的身份的时候。即使他们接受这个概念，对他们来说，种族主义社会也始终是存在于其他地方的，这就是在美国很多人在种族隔离时期可以居高临下地看待南非的情况的原因，尽管南非在种族隔离方面是模仿美国的。克服这种"种族 v.s. 文化、v.s. 阶级"的分歧需要人们认真对待法农关于与人在他们生活的地域（在某种程度上包括有些陌生的地域）相遇的那些见解。如果仅将法农作为黑人或作为法国人来看待他的生活和思想，这将会歪曲事实，因为他既是黑人也是法国人，而且还是一个马提尼克人，还有更多其他角色，他在他短暂的一生中扮演了众多角色[1]。值得赞赏的是，布尔汉和谢尔基在奴隶制这个议题上的研究比其他的许多人探讨都更加集中，而这个议题在美国和法国经常被忽略。

　　因此，本书的目标是为那些进入法农思想世界的人提供有益的指南，并且揭示他的思想同今天的很多问题的相关性。所以，我不会讨论他的每篇著述，甚至不会涉及这些著述的所有方面，而是专注于那些引起争

---

① 沃斯利在他的《弗朗兹·法农与"流氓无产阶级"》中出色地阐述了法农的许多方面之间的相互联系。

议的部分，以及与这些作品和法农的整体思想的传播相关的其他内容。我希望这会为读者提供许多材料，供他们继续研究和反思自己的作品。法农的思想具有反讽特征，因为他鄙视预言和命运这两个概念，但是最终，他的预言的准确性却揭示了他身上存在的这个悖论。他总是尽可能真实地言说和写作，却希冀自己最终是错误的。

第一章 "我来自马提尼克"

在 1939 年以前，安的列斯人说他很幸福，或者至少相信他是幸福的。他投票，尽己所能地念书，参加游行，喝朗姆酒，跳贝津舞。

——弗朗兹·法农（《安的列斯人和非洲人》）

想象身体处于运动中，想象它在跳舞。然后想象它静止不动。或许像倚靠着。将这副身体作为思考对象，或者说，把它作为平凡、中立的。法农的身体是一副苦恼的、狂热的身体，同时又是优雅的、富于节奏的（尽管他坚称不会跳贝津舞，他还是跳了），而且美丽的，他的身体是他所有著述的潜台词。它摸索现实，颤抖，震颤。它有时会冻结，又常常因反思和认知受限而愤怒、火热；它有一个黑色的表面；它是奇异的；它是英俊的；它是危险的，好色的，充满欲望的；它一会儿强健，一会儿瘸腿；它是有趣的，但常常也是悲伤的；最重要的是——它始终在寻找。

身体即人，人即身体。对具象的焦虑是西方文明的一个维度，而法农总是在与它进行不懈的斗争。他悲叹，身体是一种被否定的存在，黑人是一个被否定的人群。法农作为一位黑人作者，他的著述和反思带有一种源自亲密关系的紧迫感。他和他的书中被异化的主体们一样——被否定，而且时常被剥夺主体性——既是身体也是被否定的身体。

弗朗兹·奥玛·法农，这具被否定的身体以各种形式的具体的身体出现，于 1925 年 7 月 20 日在马提尼克的法兰西堡出生。而美国著名黑人革命思想家马尔科姆·利特尔，曾改名为马尔科姆·X，最终更名为艾尔-哈吉·马利克·埃尔沙巴兹，比他早出生两个月。帕特里斯·卢蒙巴、离世的刚果革命之父，以及尼加拉瓜的革命牧师和诗人埃内斯托·卡德纳尔也是在这一年出生的。如果说创造力像美酒一样，那 1925 年是佳酿丰收的年份。

法农的父亲费利克斯·卡西米尔·法农是一名海关官员，他的母亲埃莱奥诺尔·梅德利斯是一名小店店主。他们为他们的八个孩子（四个男孩和四个女孩，其中两个孩子不幸夭折了）提供了近乎中产阶级的生活条件。由于一些评论家过度关注种族问题，他的母亲常常因其跨种族的身份而被区别对待，她母亲是马提尼克黑人女性，父亲是阿尔萨斯白人。在这个曾经有十口人的、性别比例平衡的家庭中，法农是四个儿子中最小的一个。

一个人的生平如果是由声名远播或者因丑闻臭名昭著而引发关注的，则一定是令人惊叹的。就前者而言，每一个在童年发生的事件都给主人公贴上了英雄品质的标签：一个原本平凡的童年因此被关于伟大的种种预言所标记。而后者呢，悲剧的舞台已被设定，预言则通过舞台预示厄运。法农的人生正是如此，两种解读都适用。他的人生是对他作为一位伟大的革命家的证言，总是易被置于圣经般的高度来为人们所阅读。例如，他的兄弟费利克斯曾讲述过一件事，法农的一个名叫克莱伯特（当时约十四岁）的童年伙伴带着他父亲的左轮手枪来到法农家，想要在法农的兄弟面前炫耀一番。克莱伯特不知道枪里装着子弹，开了枪，打伤了自己的食指，差点就打中法农。当时还是个小男孩的法农镇定地撕下一块布条，包扎了克莱伯特受伤的手指，并向他的母亲解释说刚才的声音是玩具走火发出的声音，他们决定出去散会儿步。然后，他带着克莱伯特去了医院。这样的事件可以被解读为法农有未来医生和革命家的"本性"的表现，一个在危急情况下保持冷静的人，一个尽管在哲学上憎恶人类"本性"的概念，在道德上对暴力深恶痛绝，却在阿尔及利亚的一个医院地下室训练游击队员的人。

也有一些人鄙夷法农所代表的东西，他们分析了一个饱受困扰的人所受到的不幸影响，这个人被自我憎恨、对种族混杂的恐惧以及俄狄浦斯式的焦虑所困①，正如我们在阿尔贝·梅米、弗朗索瓦兹·韦尔热斯（早期的）、斯图尔特·霍尔（晚期的）、艾萨克·朱利安和小亨利·路易斯·盖茨的作品中所看到的那样。对于某些人来说，法农与他母亲的关系以及她父亲的白人身份是核心问题。法农小时候是否梦想拥有白人小女孩，他在战争期间曾给他父亲写批评信——"爸爸，你作为一个父亲有时是失职的"——这是否意味着他希望自己的父亲是白人②？在他兄弟举行婚礼期间，法农离开马提尼克去多米尼加岛参加法国抵抗运动，是否是为了抢风头？这是否是一个自恋的抢风头者的好斗行为？

我不会假装这类解读不存在。我认为这样的对法农生活的解读有很大的问题。他们往往没有探讨人类失败和成功的复杂性，以及人类主体生活中的政治和历史背景。作为一个人，法农既英勇又有缺陷。这种既

---

① 参见阿尔贝·梅米：《评彼得·盖斯马尔、法农和大卫·考特的〈弗朗兹·法农〉》"，《纽约时报书评》，1971年3月14日，第5页。维尔热、霍尔和朱利安的立场出现在艾萨克·朱利安：《弗朗兹·法农：黑皮肤，白面具》，诺马尔电影公司，1995年；艾伦·里德：《黑人性的事实：弗朗兹·法农与视觉表征》，西雅图：贝伊出版社，1996年；小亨利·路易斯·盖茨：《批判的法农主义》，《批判性探究》，1991年第17卷第3期，第457-478页。另见F. M. 戈特希尔：《法农与殖民主义的经济学：一篇评论文章》，《经济学与商业评论季刊》，1967年秋，第1期，第78页。
② 乔比·法农：《为了弗兰兹，为了我们的母亲》，《无国界》，1982年2月，第5-11页（1982年2月），第10页。另见胡赛因·阿卜杜拉希·布尔汉：《弗兰兹·法农与压迫心理》，纽约：普列纳姆出版社，1985年，第19页。

英勇又有缺陷体现在他作为一个生活在极不平等的社会的成员应对自己的历史处境的那些方式上。法农生活在一个殖民世界中，种族等级制度是这个世界的现实。当时在马提尼克占据统治地位的是贝克什，约有一千名白人控制着这个岛屿的政治和经济，即他们控制着岛屿上四分之三的土地和商业，这个岛上有近三十万名黑人以及（按照一些人的说法）混血儿，而这一小部分白人至今仍然控制着这个岛屿。如果将法农仅仅看作是一个受到困扰的人，就会使心理学优于人类研究的其他模式。尽管法农与他父母的关系可能很有趣，人们可能对他的性生活也感到好奇，但事实是，并不是法农的生平把我们带入他的著述和政治成就的，而是他的著作和政治成就让我们关注他的生平。因此，最终将他视为有魅力的革命者的范式对研究政治魅力的理论家来说也是有价值的。从许多不同的视角来看，无论是政治、经济、精神分析的视角还是社会学的视角，那些对法农的人生的阐释虽看上去合理、有说服力，却很可能是谬误的记录。许多法农批评者没有意识到，尽管法农智慧且坚强，但如果没有他的幽默感和激情，他将不会对其他人有影响。假使将某些解释提升为对法农人生的最好的解读，便隐藏了这个人，因为最终这个人将永远无法得以完全展现，尽管他在很大程度上能够被理解。

法农的传记有诸多方面的特点，但最为突出的是，它是一部带有伦理挑战的教育和道德价值的政治故事。之所以如此，是因为这部传记中记载的法农对许多事物的参与教会了我们很多有关解放事业是如何取得成功或者如何失败的知识，而且迫使我们中的许多人最后像他一样——要求自己变得比现在的样子更好。他人生中的每个阶段都在历史上产生了重大意义。法农十五岁时，希特勒占领了巴黎，并建立了由马歇尔·佩坦领导的维希政府，将其作为纳粹德国统治法国及其殖民地的傀儡。这导致几千名法国士兵和海员占领了马提尼克，并对当地人民开展了激烈的反黑人种族主义运动。这些事件曾一度将许多马提尼克人从他们的种族天真和政治沉睡中唤醒了。在这场遭遇之前，马提尼克人想象自己是法国殖民等级制度中的特权群体。他们把自己视为法国人，而不是黑人或非洲人，并且期望，即使不能被当作白人，至少也要被认为是比其他"真正的"黑人（特别是撒哈拉以南的非洲人）更好的。在《安的列斯人和非洲人》一文中，法农将这一时期描述为马提尼克历史上的政治改革时期①。在这个时期，不仅出现了第二次世界大战的历史重压，还有马提尼克著名诗人和政治家艾梅·塞泽尔带给岛上人民的诗意哲学的挑战，就像摩西把戒律刻在以色列人的泥板上一样，给曾被奴役的人们以承诺——塞泽尔宣告，黑色不仅是美丽的，而且是那种黑暗的心脏所在，而非洲正是其宏伟的中心，这里等待着审美与精神的解放②。白人占领者的丑恶行为颠覆了白人权威，这迫使马提尼克人想象一件不可能的事情：即以白人的面孔与邪恶作斗争。德国人和法国人难道不只是欧洲大陆上的表兄弟？

在许多深陷于于法国身份的马提尼克人来说，这个观点——法国白人更愿意认同德国白人，而不是法国黑人——是难以置信的，这实际上导致了精神创伤。然而，还有一些人则自始至终持怀疑态度。法农的一些同胞认为二战是欧洲的内部事务。根据他的兄弟乔比的说法，法农的回应是他直至离世都在坚持的："每当自由受到影响，无论我们是白种人、黑种人、黄种人还是混血儿……我今日向你们保证，无论它在何处发生，

---

① 文章《安的列斯人与非洲人》收录在乔西·法农主编的《为了非洲革命》，弗朗兹·法农：《为了非洲革命》，巴黎：弗朗索瓦·马斯佩罗出版社，1964 年。

② 参见艾梅·塞泽尔：《回归故土笔记》，巴黎：意志出版社，1939 年。这本书有许多英文版本，但请参见米雷耶·罗塞洛与安妮·普里查德合译，米雷耶·罗塞洛作序的《回归故土笔记／艾梅·塞泽尔》，该版本由英国纽卡斯尔泰恩的血斧图书出版社于 1995 年出版。塞泽尔的故事富于讽刺：2011 年 4 月 6 日，巴黎的先贤祠放上了写有他名字的名牌。

只要自由受到威胁，我都会在那里。"[1] 法农逃到了邻近的多米尼克岛，在那里接受了六个月的训练，然后返回了马提尼克。后来，他被征入第五营，这是一个由瓜德罗普、圭亚那和马提尼克的部队共同组成的联合部队。法农被送到阿尔及利亚参加对抗德国的战斗[2]。

法农在第二次世界大战中的服役经历是一个残酷的觉醒过程。每一次胜利都被种族侮辱所玷污。在送他去北非为法国而战的船上，他和其他马提尼克士兵遭受了各种形式的种族侮辱，其中包括马提尼克女战队的战士们被迫成为白人军官的情妇。尽管他们努力将自己与来自其他地区的备受轻视的黑人士兵（包括戴特制贝雷帽的黑人士兵）区分开来，但马提尼克部队的士兵们仍然发现他们受到了与其他黑人士兵一样糟糕的待遇。那个关于黑人外科医生的陈旧笑话被用在他们身上："你怎么称呼一个黑人外科医生？答案：黑人。"他的好朋友马塞尔·曼维尔曾提到，胡赛因·阿卜迪拉希·布尔汉也说过，"在部队中法国人每日都对我们进行侮辱。尽管我们戴着贝雷帽，法国军队中的低级军官（包括克里特人、心智能力较低的人和化石般的老古董们……）还是以嘲讽的方式称呼我们，就好像我们是塞内加尔人一样。对我们来说，这种称呼方式是侮辱性的"[3]。"Tu"在法语中是用来指代亲密的熟人或处于低级地位的第二人称称谓（比如成年人称呼孩子），与它相对的是表示尊敬的第二人称称呼形式法语词"Vous"。这就相当于讲英语的人中用"男孩"或"女孩"称呼黑人男性和女性，实际上是在否定他们是已成年的男人和女人。

---

① 乔比·法农：《为了弗朗兹，为了我们的母亲》，第 6 页。

② 要了解最近的阐述，请参见艾丽丝·切尔基：《弗朗兹·法农：一幅肖像》（简称《肖像》），纳迪亚·贝纳比德，译，伊萨卡：康奈尔大学出版社，2006 年，第 10 页。

③ 布尔汗：《弗朗兹·法农与压迫心理》，第 27 页。

在欧洲，黑人士兵不仅受到与他们一起战斗的白人士兵的虐待，还受到他们从一个村庄到另一个村庄，从一个城镇到另一个城镇逐一解放的白人的虐待。在庆祝解放的舞会上，许多白人女性选择与意大利（法西斯）战俘跳舞，而不与那些挥洒热血冒着生命危险解放她们的黑人士兵跳舞。在他们亲爱的法国，这种情况也并没有明显好转。黑人英雄们被提前用货船圣马泰奥号送回了马提尼克岛，在船上他们的口粮很少，而且他们也没有得到像白人同伴一样号角齐鸣的热烈的欢迎[1]。

在第二次世界大战之前，法农的政治敏感虽然具有爱国主义倾向，有时甚至带有感性和热忱的人道主义色彩，但与他的同仁们相比，他的观点既非更激进也不是更保守。这些观点大多反映了法国的自由主义，并且马克思主义是其主要挑战。在20世纪，法国的共产党比西欧的其他共产党更有影响力。它因此在国家政治中扮演重要角色，共产主义成了一个可行的选择。在殖民地，政治关系由于种族产生的影响而变得复杂。一个人可以在经济上持激进立场，但在种族问题上态度保守。塞泽尔是20世纪三四十年代在这两个方面都持激进立场的少数人之一。例如，法农曾在《安的列斯人和非洲人》中回忆道，最初人们嘲笑塞泽尔的种族激进主义，对于马提尼克岛上新兴的小资产阶级黑人群体——基于他们的教育经历以及他们战前在马提尼克岛的种族等级制度中的地位，这些人希望他们作为法国殖民主义的公职人员可以得到经济上的奖赏——来说，塞泽尔的激进主义尽管在美学上根植于超现实主义，但并不受欢迎。然而，可以确定的是，在返回马提尼克岛后，法农公开支持塞泽尔的政

---

① 参见切尔基：《肖像》，第13页。在前英国殖民地，情况并无不同，黑人退伍军人如果返回南非，只得到了一辆自行车作为礼物；而在美国，黑人退伍军人则面临着私刑暴民。参见文森特·莫洛伊：《一双靴子和一辆自行车》，南非：稀土电影公司，2007年；小沃尔特·C.鲁克、詹姆斯·N.阿普顿：《美国种族骚乱百科全书》，第2卷，韦斯特波特：格林伍德出版社，2007年。

治观点，并与他的兄弟乔比共同参与了塞泽尔的市长竞选。1945 年，塞泽尔作为共产党候选人成功当选为法兰西堡市市长。

尽管法农后来越来越多地涉足激进政治，而且对塞泽尔作品的文学力量表示钦佩，这些似乎暗示他可能会从事政治、诗歌和戏剧方面的事业，但法农还是选择了一份为二战退伍军人提供的奖学金，毫无疑问是为了嘉奖他的英勇（法农曾在战场上两次受伤），这使他有机会前往巴黎学习牙医学。

的确，法农最初选择成为一名牙医。一位革命的牙医？如果他没有改变他的事业方向的话，这让人可以联想到多少糟糕的双关语和文字游戏——从抓住历史的"下颌"到找到压迫产生的"根源"。他和选择成为药剂师的妹妹加布里埃尔一同前往巴黎。然而，法农很快便离开了巴黎，前往了里昂，在那里他修读自然科学的预备课程，学习哲学，并被那里的大学的医学院录取。法农的传记作者们认为他之所以转移到里昂是因为他对巴黎黑人同胞感到反感和厌恶。或许如此。然而，值得注意的是，法农的医学训练侧重于精神病学和法医学，而不是内科或全科医学。在精神病学中，法农找到了自然科学和人文科学的交汇点，这与他多方面的兴趣相契合，而法医学则激发了他对调查的偏好。

在攻读医学学位期间，法农参加了哲学家让·拉克鲁瓦的讲座。拉克鲁瓦是人格主义的拥护者，他主张人类应该克服社会本质之间的分歧和冲突，应该超越那些理想主义式的关于摆脱了社会存在的个体内在生活的种种概念。法农还聆听了著名哲学家莫里斯·梅洛－庞蒂的讲座。梅洛－庞蒂在成为法兰西学院令人尊敬教授之前，曾在里昂任教。此外，法农还创作了三部戏剧，分别是《平行的双手》《眼睛躲闪》（更确切地说是《溺水的眼睛》）和《阴谋》。然而，根据法农的要求，这些作品在他去世后没有出版。此外，他是《达姆－达姆报》（*Tam-Tam*）[①]的编辑，并参与了各类左翼政治团体的活动，这些团体之所以吸引到里昂的人们是因为里昂被誉为激进政治的温床[②]。

在法国求学期间，法农经历了人生中的三件大事。1947年，他的父亲去世，这使他的学业在最开始时便蒙上了阴影。不久之后，法农与他在哲学课上邂逅的一个俄罗斯犹太女子有了一段短暂的恋情，1948年他的女儿米雷耶出生[③]。如今，米雷耶·法农－曼德斯－弗朗兹是一位前高中教师，拥有古典文学和符号学的博士学位，是一位政治活动家，也是弗朗兹·法农基金会的主席[④]。法农还与玛丽－乔瑟芙·杜布莱（"乔西"）有过一段恋情，她是法国人，有着科西嘉和吉普赛血统。她与法农在政治和文学方面志趣相投。1952年，他们结了婚，他们唯一的孩子奥利维尔于1955年在阿尔及利亚出生。奥利维尔一直在阿尔及利亚驻巴黎大使馆工作，直至退休。

关于乔西·法农的资料不多[⑤]。她是法农在斗争中和思想上的伴侣。法农很少亲自写作，而是选择口述给打字员，这就解释了为什么他的文章和著作更适合大声朗读。大多数时候，乔西就是打字员，她还参与了

---

① 关于就法农戏剧作品作触动人心的讨论的成果，参见乔比·法农：《弗朗兹·法农，我的兄弟：医生、剧作家、革命家》，丹尼尔·内瑟里，译，兰汉姆：列克星敦书局，2014年，第12章《剧作家》，第57–62页。关于就法农戏剧作品作学术讨论的成果，参见基斯利·菲尔莫尔·伍尔沃德：《走向解放的表演理论：弗朗兹·法农作品中的戏剧、戏剧性和"游戏"》，纽约大学博士学位论文（法语），2008年。另见克勒芒·姆博姆：《弗朗兹·法农》，阿尔巴·德拉·法齐亚·阿莫亚和贝蒂娜·利布维茨·克纳普主编，《1945年以来的多元文化背景的作家们：一本A–Z指南》，韦斯特波特：格林伍德出版社，2004年，第211–215页。

② 应法农的女儿米雷耶的请求，为了保护她的隐私，我没有写明她母亲的姓名。

③ 参见该基金会的网站：http://frantzfanonfoundation–fondationfrantzfanon.com/。

④ 大卫·梅西提供了许多信息；参见大卫·梅西：《弗朗兹·法农：一部传记》（简称《传记》），纽约：皮卡多出版社，2002年。

⑤ 关于法农通过口述撰写著述以及乔西在这些著述的撰写和出版中的作用的讨论，参见梅西和切尔基。

他的一些出版作品编辑工作[①]。因此，在很多方面，她实际上是他真正的读者／听众／观众，是有血有肉的表达对象，文章就是为她写的。在某种程度上，她可谓是他的著作的一个潜在文本，徘徊于他的著述世界。弗朗兹和乔西的关系也遭遇了一些挑战，不仅是因为这场跨种族的婚姻发生在一个充满种族敌意的世界里，还因为这是一种伙伴关系，其中一方是非常英俊、热情、充满魅力且具有思想天赋的世俗论者。虽然这些描述没有被正式记录下来，但是从事法农研究的学者中间非正式地流传着一个说法，法农不是一个坚持一夫一妻制的男人，而且由于他的职业和后来的政治生活的需要，他有许多时间都不在他的家人身边。

在里昂期间，法农还发表了几篇文章，其中最著名的是 1951 年 5 月发表在《精神》杂志上的《黑人的亲身经历》和 1952 年在同一刊物上发表的《北非综合征》。第二篇文章（我后面会讨论）是法农当初打算在米歇尔·科林的指导下攻读法医学学位时撰写完成的，他当时同时从事着精神病学的工作。这篇文章展示了法农的研究能力，尤其是碰到社会谜团而非物质谜团的时候。在第一篇文章中（我们很快就会讨论这篇文章），法农描述了他为了发展他所谓的反对黑人种族主义的"本体论抗争"所经历的艰苦挣扎。他讲述了他的法国人身份曾经"爆炸"等往事，例如：某天他在火车上遇见了一个白人小男孩，小男孩看到他之后极其惊讶和恐惧；当他了解到列奥波尔德·桑戈尔出版于 1948 年的著名的《新黑人和马达加斯加法语诗歌选》中将"黑人主义"（Négritude）呈现为哲学理想时感到的希望与绝望；当看到让–保罗·萨特著名的批评

[①] 弗朗兹·法农：《黑人的抱怨：黑人的亲身经历》（简称《精神》），1951 年 5 月第 179 期，第 657–679 页；《北非综合征》，《精神》，1952 年 2 月第 187 期，第 237–284 页。

前言时的失望之情[①]。我后面会讨论"黑人主义"——努力呈现一种积极的、革命的黑人身份概念——以及萨特所写的前言。

法农发表在《精神》上的第一篇文章是他的首部著作《黑皮肤，白面具》中的一部分内容。他最初曾提议把它作为他的博士毕业论文，题目为《论黑人的去异化》。然而，他的博士生导师让·德绍姆教授——精神外科科学的拥护者，拒绝了这个提议。于是，法农迅速撰写并于两周后提交了一篇关于神经心理障碍的论文。这篇论文的题目为《遗传性脊髓退行性精神疾病和精神综合征：伴有精神错乱症状的弗里德雷希氏病案例研究》。他在 1951 年进行了论文答辩[②]。如论文的副标题所示，弗里德雷希氏病是一种涉及脊髓退化或变薄的遗传性疾病。尽管标题似乎顺从于他的导师的要求，符合精神生理学的研究方向，但法农实际上在论文中提出了他那篇原始论文的一个要点，这一观点将成为他思想的基础之一。法农借鉴了人类学家、哲学家和社会学家吕西安·莱维－布吕尔的思想，主张精神病医生应该要了解患者的人性，而不仅仅是关心疾病的症状或物质关系之间的影响。帕特里克·艾伦作了一个很好的概括：

> 在法农的人类心理学发展理论的背景下，法农对莱维－布吕尔的"参与法则"（逻辑思维和非逻辑思维的共存）的关注揭示了他对患者文化世界观的早期理解和同情，这超越了任何一种医学理论。因此，精神病学家的任务已经不仅仅是对患者进行访谈，然后翻阅书籍寻找诊断和治疗方案了，而是要努力通过患者自己的符号和信仰系统来"接触"患者。这种方法不是

---

① 列奥波尔德·桑戈尔：《黑人和马达加斯加法语新诗选》，让－保罗·萨特作序，巴黎：法国大学出版社，1948 年。

② 法农的博士论文副本可在巴黎的法国国家图书馆查阅。

专注于症状，而是专注于患者，甚至超越患者，因为精神病学家努力揭示出了在患者的心理中起作用的文化"参与"。在支持任何理论或学说之前，医生的任务是学会患者为先的原则[①]。

学习患者原则是法农一生都在为之努力的事业之一，正如我们将看到的，他把它扩展到了解患者所身处的环境，这个环境不仅是患者生活的场所，也是他变成患者的背景。取得医学博士学位后，法农得以自由地回到他更为复杂的研究工作中。同年，他以符合其个性的方式顺利地出版了他最初提议的论文。正如艾丽丝·切尔基所述：

在阅读书稿后，资深编辑弗朗西斯·让松立即给法农写信邀请同他会面。两位男士都清晰地记得这一发生风波的初次会面，记得当时的激烈情景：让松还记得那天来到他办公室的那个紧张、敏感的年轻人。他刚开始赞扬这部著作，法农就打断了他，说了一句"对于一个黑人来说还不错"！让松既被法农的讽刺激怒，又感到受伤，他立即让法农离开了办公室，却因此赢得了法农即刻的尊重。在这次灾难性的初次会面之后，书稿的相关工作进展顺利，法农接受让松的建议，将书名定为《黑皮肤，白面具》[②]。

《黑皮肤，白面具》的出版、再版和批评史一直是从事法农研究的

---

① 帕特里克·艾伦：《弗朗兹·法农：一部精神传记》，纽约：十字路口出版社，2000 年，第 97—98 页。
② 艾丽斯·切尔基：《弗朗兹·法农：一幅肖像》，第 24 页。让松在谢赫·杰迈勒的纪录片（谢赫·杰迈勒：《弗朗兹·法农：他的人生，他的斗争，他的作品》，阿尔及利亚：阿特曼坦制作公司，2001 年。）中确认了这一说法。

学者们讨论和争论的焦点，尤其是在他的哪些著作应该受到最多关注这一问题方面。这本书在英语世界的出版可追溯到 1965 年美国格罗夫出版社和 1970 年英国帕拉丁出版社的版本，之后法农的后续作品逐渐被翻译出版。20 世纪 70 年代末，这个译本在英国已绝版，但很快在 1986 年便由普鲁托出版社重新出版，著名的拉康派文学后殖民理论家霍米·巴巴为它撰写了一篇备受争议的前言。到了 20 世纪 80 年代，这部作品在后殖民主义和文化研究领域获得越来越多的关注，学者们对它的批评主要集中于这本书缺乏对性别关系和性别定位方面，以及混血种族身份的政治修正。从巴巴对法农著作的拉康派精神分析式阅读，到后来其他人的批评，如文学理论家格温·伯格纳、小说家玛丽丝·孔德和电影制片人艾萨克·朱利安，学界还掀起了一场对这部作品的价值的讨论。要想研究后殖民主义，可能需要的不止是一部《黑皮肤，白面具》所能提供的。小亨利·路易斯·盖茨批评批评家们未能看到法农并非是一个"全球理论家"、一个能够为探讨压迫和后殖民主义提供"统一理论"的理论家。他建议读者聚焦文本中的生平资料。作为回应，塞德里克·罗宾逊批评盖茨的文章过于关注《黑皮肤，白面具》中所谓的"小资产阶级"[1]。他认为，现在需要的是一种马克思主义视角的批评，据说这种批评在法农的后期作品中也出现了。此外，罗宾逊严厉地谴责当代后殖民主义批评家们，因为他们最终还是对法农的历史价值感到十分焦虑。例如W. E. B. 杜波依斯，从当代学术的角度来看，他那时还不到 35 岁，更喜欢关注这位年轻的小资产阶级黑人医生当时的职业生涯和思想，而不是关注法农成为成熟的革命者时的事业发展和思想。换句话说，他们想要讨论的人的某个生命阶段应该最能反映他们的处境和所处的政治环境。

---

① 塞德里克·罗宾逊：《对弗朗兹·法农的挪用》，《种族与阶级》，1993 年第 35 卷第 1 期，第 79—91 页。

法农说了什么

　　我曾两次参与这类争论。我以《法农与欧洲人的危机》一书参与了第一次争论，我认为盖茨代表了在当代思想中给予文学理论优先地位的团体，而罗宾逊则代表了更倾向于政治思想的团体，即将政治学作为理论的必要条件。我将这两种立场都描述为"学科上的衰落"，即理论家批评其他理论家却并不关注批评者的学科背景。我认为，这些立场体现了一种失败，它们没有意识到法农不懈奋斗的研究远比这些关注点广阔得多。这就是为什么法农的著作有如此多的思想来源。一种激进的批判既是元理论的，又是元批评的——自我批评，而且关注思想研究是如何得以实现或者如何落入失败的。在第二次争论中，我认为盖茨的立场导致了一种潜在的谬误，即法农（这位黑人作家）根据他的生平、"经验"提供的，实际上是将理论留给了白人理论家。文学和文化评论家们常常在对社会的文学研究和文化理论研究中无保留地提倡皮埃尔·布迪厄、吉尔·德勒兹、雅克·德里达和米歇尔·福柯等白人哲学家，并不把这些哲学家简化为他们作为欧洲人的经历和各自所处的历史时期；然而，许多法农批评家们却将法农当成了一个作茧自缚的人。比如，著名洛族哲学家 D. A. 马索洛，援引了法农在《黑皮肤，白面具》序言中的话，认为法农没有发现或得出"永恒的真实 / 真理"，他的意思是法农没有提出超越他所处时代的观点。然而，法农并不是一位可以被简化的历史主义者。因此，对他的话语作相对主义式的解读是存在问题的。法农也不是一个哲学理想主义者——一个将现实简化为"观点"的思想家。

　　这里，我们应该注意到跨越种族界限解读伟大思想家时存在的一些矛盾之处。例如，福柯认为马克思被困在了 19 世纪，尽管他的观点是建立在尼采的思想基础之上的（而尼采的思想又是建立在黑格尔的同时代作家亚瑟·叔本华的思想之上）。为什么尼采虽是一位 19 世纪的作家却能够与后来的 20 世纪对话，而人们却认为马克思不能？同样地，为什么福柯，作为法农的同时代人，自 20 世纪末至 21 世纪，都没有像法农那样受到那么多的怀疑？塞德里克·罗宾逊的批评带着反讽的力量归来：马克思和法农都是革命家，因此在一个以革命呼声开始，然后变得谨慎，并以反对革命（如果不是反革命的话）式的怀疑结束的世纪末尾他们被质疑[1]。然而，即使没有这样的指责，显而易见的批评仍然成立：一篇探讨 20 世纪 50 年代反对黑人种族主义和殖民主义的生活动态的简短论著，仍然是一篇 20 世纪的文本，应该在某种程度上与 20 世纪晚期和 21 世纪初关于人类处境的思考有一些相关性，即便只是因为所谓的"后种族主义"（这个热词一直流行至 21 世纪的第二个十年，其实只是一种指涉方式而已，指涉延续至今的为自身感到羞耻的种族主义）。

自跨入 2000 年以来，对《黑皮肤，白面具》的阐释出现了许多不同的观点[2]。让我们在接下来的一章中深入阅读法农事业生涯中的这一开创性的作品，探究法农在作品中表达的论点以及因此说出的话语。

---

① 关于这个问题，参见德鲁西拉·康奈尔：《捍卫理想：战争、民主和政治斗争》，纽约：劳特利奇出版社，2004 年。

② 对学界法农研究近期成果的讨论，参见伊丽莎白·A. 霍普和特蕾西·尼科尔斯：《法农与哲学的去殖民》，米雷耶·法农－曼德斯－弗朗斯作序，兰汉姆：列克星敦书局，2010 年；奈杰尔·吉布森：《活着的法农》，纽约：帕尔格雷夫出版社，2011 年；马修·雷诺：《弗朗兹·法农：从反殖民主义到后殖民批评》，巴黎：阿姆斯特丹出版社，2011 年；赖兰德·拉巴卡：《各种形式的法农主义：法农的批评理论和去殖民辩证法》，兰汉姆：列克星敦书局，2011 年；简·安娜·戈登：《克里奥尔化政治理论：通过法农阅读卢梭》，纽约：福特汉姆大学出版社，2014 年。

第二章 穿越非存在地域进行写作

　　法农是一位讽刺作家，他一直在探索悖论理性和历史这一复杂问题。"理性"和"历史"的现代崩溃——欧洲一切的崩溃——体现了理性和历史的一种失败，这需要在涉及欧洲的问题上进行自我欺骗。换句话说，欧洲试图成为本体论的存在，试图成为辩证家所称的"绝对存在"。这种存在阻碍了人类的存在或者人类的存在路径。它因此将自身呈现为一种神义论。神义论（来自"theos"和"dikē"，"theos"意为神，"dikē"意为正义）是试图解释全能、全知、善良的神与不公正和邪恶之间的兼容问题的一个研究领域。这个问题有几种表述方式：如果有这样一个神有能力解决不公正和邪恶，那为什么神不这样做呢？如果这个神创造了一切而且每个事物都是完美的，那怎么可能还有不完美的（例如邪恶）存在呢？如果神有预知能力，当神预先知道自己的创造行为的后果时，我们如何能够继续坚称神是善良的呢？有许多经典的努力曾试图解答这个问题。其中最有影响力的是圣奥古斯丁在《上帝之城》中坚持认为上帝对人类的爱要求人类的自由，而自由需要具备能够做对或错的事情的能力。这个问题并不仅仅出现在西方传统中。例如，在加纳的阿肯族中也出现了这个问题，并且与圣奥古斯丁（以及现代哲学家戈特弗里德·莱布尼茨）的观点类似的解决方案也被提出来过，加纳哲学家夸梅·吉克耶就曾提出过类似的解决方案①。在那里，阿肯人的至高无上的存在奥尼

---

① 参见夸梅·吉克耶：《论非洲哲学：阿肯概念体系》，费城：天普大学出版社，第126-128页。

亚米（Onyame）被认为是贯穿于一切存在之中的力量（精神：sunsum）。那么，阿肯人是否也是邪恶的源头？奇怪的是，神义论并没有随着现代世俗主义的出现而消失，正如国家崇拜，甚至包括现代科学在内的许多知识实践证明的那样。无论被提出的是至高无上的存在，还是合法性的最高源泉，都面临着类似的批评挑战。

西方思想的合理化常常导致西方文明和思想成为一种神义论，西方文明和思想成为自成一体和在本质上即正当合理的制度，渗透到人类生活的方方面面，涵盖描述（是什么）和规定（应该是什么）、存在和价值等层面。而它的不完整性、它的无法做到自成一体以及"思想的黑暗面"的种种特征则由那些一直被它的铁蹄碾压着的人们经历着，始终是焦虑的来源之一，而且常常以社会否认的形式出现①。有色人种，特别是黑人，他们一边通过各种努力真诚地想要参与这种神义论，一边又不断地经历着这种自我欺骗所导致的冲突和矛盾。这种活生生的矛盾之所以出现是因为有色人种常常被强加一种要求，即他们必须不加批判地接受西方文明和思想。批判性意识不仅要问制度是否一贯被应用，还要问制度本身是否与其他事物（尤其是人文主义事物）兼容。以合理性为例，合理性在许多制度中（尤其是现代自由主义）被视为是不掺杂种族主义的。那么，我们应该怎么理解种族主义的合理性呢？黑人的灵魂中突然发生一种爆炸，正如 W. E. B. 杜波依斯在《黑人的灵魂》和他更早发表的《种族的保护》中所论及的那样，这种爆炸将黑人分裂为两个灵魂，一个灵魂有意识地保持一个冰冻的"外表"，即被他人看到的外表，另一个灵魂又面对着来自"内部"的生活经验，即以一个存在者的角度面对生活经

---

① 关于这一理论思想方面的阐述，参见路易斯·R. 戈登：《黑人理论：文化哲学中的目的论搁置》，《谁在言说：的人文与社会科学》，2010 年第 18 卷 2 期，第 193–214 页。

验，他能够看见他或她被视为一个没有观点的存在，这相当于没有被视为人类的存在①。这种关于视觉和思想的充满反讽的相互作用不断循环往复的现象，正是法农思想的关键特征。

在《黑皮肤，白面具》的开篇，法农宣布，一个假设的"爆炸"不是"太早"了就是"太迟"了（第5页），然后坦言他的内心曾经有一团"火焰"，现在已经冷却下来足可以面对眼前的"真实"了②。他并非在开玩笑。他的兄弟乔比在艾萨克·朱利安的电影《弗朗兹·法农：黑皮肤，白面具》（1995）中回忆起法农在里昂学习期间，他去探望法农的情景。一位教员向乔比描述法农时说道："外表像烟花，内心也像烟花！"火热情感这一主题在书中反复出现。法农回忆道，曾经的愤怒（火焰）现在变得冷静（冷却）了。这里的冷静并不意味着没有热情。在整个作品中，法农在绝境中努力控制内心的火焰，因此才获得持续的热度，偶尔会爆发成火焰。冷静下来后，他讽刺地反思现代自由主义——平等的权利和博爱——以及现代思想家们试图解决的所谓的"黑人问题"的种种方式。他反思道："还是那样，只要一条线索就足够了。提供一个答案，黑人问题就不再严重了。黑人想要什么?"③（第6页）

"黑人问题"与欲望（"想要"）的汇合点已经指出法农分析的特征之一了。当半个世纪前杜波依斯考虑所谓的黑人问题时，他反对这个

---

① 参见路易斯·R.戈登：《非裔存在论：理解非裔存在思想》，纽约：劳特利奇出版社，2000年，第四章。关于因被看见而被看不见的力量关系，另见路易斯·R.戈登：《不诚实与反黑人种族主义》，大西洋高地：人文国际出版社，1995年，第三部分。

② "这本书本应在三年前写成……但那时这些真相在我内心燃烧如熊熊火焰"（《黑皮肤，白面具》法语版，第6页）。

③ "黑人想要什么?"这段话的法语原文通常被翻译为："一个黑人男性想要什么?"但是，请注意，法农并没有写"一个男人"，而是"人或人类"。先于它的问题是："人想要什么?"在这里，法农的意思不是指男性。他指的是通用称呼，人类或人们。为了传达法农的意思，我因此冒昧地翻译为"黑人"，以表达"黑人人类"或"黑人大众"的意思。

问题本身，他认为，这个问题混淆了黑人与他们的问题[1]。黑人本身不是问题所在。问题在人们倾向于把黑人构建成问题，而白人则制造了这种构建。黑人将他们自己视为"问题"，这导致了一种透过那些轻视他们的人的眼睛来看待自己的双重意识。确定这种构建的根源将引向一种新的批评视角，佩吉特·亨利在杜波依斯的基础上将其称为"强化的双重意识"。它涉及识别令第一种双重意识成为可能的那些冲突和矛盾[2]。通过扩大黑人想要的东西的范围，法农提出并扩展了关于黑人主体生活的问题、关于黑人意识的问题，这类似于弗洛伊德提出的关于女性的问题——女性想要什么[3]？这个关于想要、关于欲望的问题不像乍看起来那么简单，因为欲望的生活是先于反思的和反思性的。一个人声称想要的并不一定是他实际上想要的。而一个人实际上想要的可能会在反思中被放弃。法农提出主体生活的问题同时也暗示了生活现实与结构之间的分裂。一个黑人个体的欲望可能与黑人欲望的结构概念不一致。正如法农提醒读者的那样，"许多黑人将无法在接下来的生活中找到自己。对于许多白人来说也是如此。但我感到自己在精神分裂者或者性残疾者的世界中是个外人的事实并不会减少他们的真实性"（第9页）。后来，他再次强调了这一重点的事实"我在这里所指的，一方面是被异化的（被神秘

---

① 参见 W. E. B. 杜波依斯：《黑人问题研究》，《美国政治与社会科学学会年鉴》，1898 年第 2 卷，第 1—23 页。这篇文章再版于《美国政治与社会科学学会年鉴》，2000 年第 56 期，第 13—27 页。W. E. B. 杜波依斯：《黑人的灵魂：散文与随笔》，芝加哥：A. C. 麦克卢尔，1903 年。关于对相关问题的当代讨论和解读，参见纳胡姆·迪米特里·钱德勒：《X——黑人问题作为一个需要思考的问题》，纽约：福特汉姆大学出版社，2014 年。

② 在《黑人的灵魂》中可见杜波依斯的经典表述。关于强化的双重意识的阐述，参见佩吉特·亨利：《非裔现象学：其哲学内涵》，《C. L. R. 詹姆斯杂志》，2005 年第 2 卷第 1 期，第 79—112 页。另见戈登《华裔存在论》的第四章；简·安娜·戈登：《双重意识的礼物：理解殖民地人民所做贡献时遇到的一些障碍》，《后殖民主义与政治理论》，纳利尼·佩尔斯拉姆，兰汉姆：列克星敦书局，2007 年，第 143—161 页。

③ 我写为"女性"以与法农所探讨的问题采用的复数表述保持一致。弗洛伊德的译者们经常将这个问题表述为，"一个女人想要什么？"由于不定代词实际上意味着任何一个女人，因此"女人们"在这里是适用的。

化的）黑人，另一方面是同样被异化的（神秘化他人和被神秘化的）白人"（第 23 页）。

法语词"nègre"的意思是"黑人"，具体意思取决于上下文。被罗纳德·A. T.朱迪的文章中就法农的命名法的非凡见解说服了，我决定使用这个法语词来保留法农著述中含混的味道。同时，为了保留法农散文中的意义，我也会在他写"黑人"和"白人"的地方使用"黑人"（the black）和"白人"（the white）①。虽然译者们经常选择"黑人"（the black man）和"白人"（the white man）这两个词，但法农的初衷并不总是要性别化，除非他特指女人和男人。所以，我同样也不强调性别。

在法农的分析中，他通过一项重要的区分，提出了关于个体和结构之间的分裂的问题。作为一种人类研究的形式，对黑人的研究要求了解法农所称的个体发生学和物种发生学的方法。个体发生学方法关注个体生物体，物种发生学方法则关注物种。这种区分涉及个体和结构两个方面。法农补充说，这种区分通常忽视了第三个因素——社会发生学。社会发生学涉及社会世界中出现的因素，而社会世界是由文化、历史、语言和经济构成的主体间世界。他提醒我们，在这个世界中，正是人类将这个因素带入存在（existence）的。那么，认识到这种因素又为我们理解"黑人问题"和"黑人想要什么"提供了什么呢？

个体与反黑人种族主义提出的结构之间的去人性化的桥梁象征着黑人，最终黑人以一种反常的方式变成了"匿名的"人，这种反常的方式使得"黑人"（the black）崩塌为"黑人们"（blacks）。这种反常在于"黑人们"不是一个真正的名字，但是反黑人种族主义却创造了有如此功能的名字，这个熟悉的名字关闭了进一步了解的需求。因此，每个黑人都

---

① 参见罗纳德·A.T.朱迪：《法农的黑人经验之躯》，《法农：批判性读本》，戈登等主编，第 60–61 页。

处于具有讽刺意味的无名状态当中，因为他们被命名为"黑人"（black）。这一命名制造了一种奇怪的亲近，黑人们总是过于靠近，这引发了人们对距离的焦虑，以至于到达了渴望消失或缺席的程度。因此，正如法农在开始时强调的那样，黑人们发现他们在结构上并不被视为人类。他们是有问题的存在，被封锁在法农所称的"非存在地域"之中。

黑人所期望的并不是成为有问题的存在，他们希望逃离这个地域。他们想要在一种否定他们人性的结构面前成为人类。实际上，对这个"区域"的解读可以有两种方式。它可能是中间状态，它将黑人置于低于白人但高于其他处境更糟生物的位置；或者它可能直接意味着完全缺席的一个点，在离有神论体系辐射现实的光芒最远的地方，即地狱。他声称"在大多数情况下，黑人无法享受到能够堕入真正的地狱的机会"（第6页），这暗示了第一种解读。但是，比起降落，这更像是一种崩塌，因为正如我们将看到的，它把黑人置于偏离和模仿的模式之中。就偏离而言，它脱离了被视为原初的白人的身体。它为什么不从白人身上升起呢？作为标准的制定者，白人会令朝着任何一个方向偏离的移动都是非法的，无论是向上还是向下，结果都是失败。因此，克服偏离的路径似乎就是通过复归原初的统一。然而，白人否定了这种原初的统一，因为这将必然给白人性（whiteness）的中心带来一个潜在的黑人性（blackness），这使得所要求的复归成了模仿。作为模仿，缺失的是自身作为标准的原初优势。换句话说，模仿并非它自身的标准。它甚至失败于自身的成就。实现模仿就是在模仿上失败，也就是在模仿一个原初之物时失败。我们会很快回到这个关于失败的议题上来。

事实上，法农为读者准备了许多内容。即使"大多数"黑人缺乏堕入真正的地狱的能力，这也并不意味着在这种情况下——在法农展开叙述的情况下——堕入地狱无法实现。这些想法表明，尽管文本的引语来自艾梅·塞泽尔的《论殖民主义》，但塞泽尔所描述的痛苦从地狱神话诗学中汲取了诗意。地狱神话诗学影响了西方世界的许多作家———例如但丁·阿利吉耶里的《地狱》①。这种联系有据可依——法农接受的正式教育完全是西方的，并且他童年时期的马提尼克岛的居民主要信奉罗马天主教（至今仍如此），这意味着规范生活的语法会以教堂的创始意象的诗意形式呈现，尽管法农自己坚持存在主义的无神论立场。

然而，与但丁的地狱的联系引发了这样一个问题，即法农在他的文本中扮演什么角色？法农是但丁吗？即受到罪恶（指他带给真理的"火"）威胁的寻求者；抑或法农是维吉尔吗？即来自地狱的（已经"冷却"的）向导，还是两者兼而有之？社会世界并不仅仅是对物种发展史和个体发生论的一种规范调节，它还提供了调节的内容、美学和"生活经验"的维度。因此，我们的向导法农计划带领我们穿越黑人所面临的各层调节。作为像维吉尔一样的引导者，他引领我们穿越一个世界——一个我们中的许多人作为"低能儿"需要却经常拒绝看到的世界。因此，根据法农对这种结构性否定的社会生成维度的观察，论证可以如下展开。

建构性与认知失败

有一个被称为"黑人"（"the black"）的白人建构。这个建构如下：如果他或她真的是人类，那么他或她就可以超越种族的界限。据说黑人可以"真正地选择"以一种不是黑人，也不是任何种族形式或种族指称

---

① 在英语中，"黑人"（The Black）和"白人"（The White）具有民族主义内涵，而法农指的是符号学上的种族标记，这就是英语中使用小写的"黑人"和"白人"的原因。

的社会存在形式来生活。种族建构是吸附于人类生活各方面的：语言、性别、劳动（物质的和美学的）、社交（相互认可）、意识和"灵魂"。《黑皮肤，白面具》描述了一个近乎匿名的黑人英雄努力摆脱这些桎梏，想要过上成年人的人类生活的故事。每一章都描绘了现代西方思想提供给黑人的选项。因此，黑人英雄以真诚的方式尝试以普通人的身份体验这每一个选项。可是，黑人很快发现，要这样做就要像白人一样简单地生活。反黑人种族主义将白人性视为"人性"的"正常"模式。所以，黑人推理道，如果黑人性和白人性是被建构的，或许黑人可以过白人的生活，这将强化建构性这一主题。然而，每一种描绘都是关于如何行使这个选择导致失败的故事。事实上，"失败"在这部作品中扮演了一个特殊的角色。这是法农使用"心理分析"一词时采用的专门含义："如果在哲学层面——即人类现实的基本需求层面——上没有讨论的余地，我愿意在心理分析层面上讨论——换句话说，在"失败"的层面上，这里的失败跟一个人谈论发动机故障所指的意思一样"（第18页）。法语中与英语中"failure"一词的普通用法相匹配的词是"échec"，表示失败或挫败。而法语词"raté"（失败或者失误）更适于指点火失败、偏离目标或某些事物出现逆火问题，例如一台旧的内燃机出现逆火，这也解释了法农提到发动机故障的原因。然而，这个词也用来指没有达到标准，不能符合规范，比如"raté de père"（失败的父亲）这个表达，它指一个未能达到父亲角色期望或标准的男人，这个概念蕴含了丰富的心理分析内容①。可见，法农指的是不仅是错失目标的沮丧，还有必然导向治疗的那些后果所带来的挫败感。这就是他说他"愿意"在心理分析层面上探索的原因，因为正如我们将看到的，法农提出了"导致失败的方法是否也是一种失败"的问题，这进一步提出了这样一个问题，即这样一种心理分析方法因为它最终没有达到或无法满足自身的标准是得到了例证还是被超越了？因此，存在一个失败的悖论：在它上面失败就是成功；错过目标就是证明拒绝它的正确性，从而肯定或实现它。

　　关于失败的这个议题还进一步引发了一个问题，那就是法农创作的文本的类型以及他与它的关系是如何定位的。我们发现，每个失败并不一定都是法农自己的失败，因为他既是文本的声音（黑人），又是关于文本的声音（理论家和向导）。所以，虽然黑人法农是文本中的近乎匿名的英雄，他不断地失败（未达到他的目标），但他也是批判西方的人类话语的批评家。作为革命理论家的法农要求体系和系统性的改变，他（通过辨识每一个失败）取得了成功。矛盾的是，如果文本的英雄获胜了（即实现了他的目标），思想的英雄（理论家）就失败了，反之亦然。因此，法农在序言中宣布本体发生论和物种发生论的解释失败并需要通过基于人类能动性的社会发生论的解释加以调和，在此之后，他以这些关于人类化的理论"偶像"为导向，为黑人绘制了一条道路。像弗里德里

① 参见但丁·阿利吉耶里：《神曲》，《地狱篇》（第一卷），艾伦·曼德尔鲍姆，译，纽约：班塔姆图书，1980年。法农实际上早在他未完成的剧本《平行的手》中就已写下关于生命与死亡的诗意沉思，其与基督学意象和种族主义的斗争是显而易见的，正如他的兄弟乔比·法农对这个剧本的讨论和思考的那样（参见乔比·法农：《弗朗兹·法农，我的兄弟：医生、剧作家、革命家》，丹尼尔·内瑟里，译，马里兰州，兰汉姆：列克星敦书局，2014年，第12章）。该剧和《黑皮肤，白面具》并非法农对但丁关于地狱的经典思考的更新。正如我们将看到的，法农在他的最后一部作品《世界上的受诅咒之人》中回到了这一方面，体现的联系性甚至更强。在这部作品中，每一章都呈现了一个充满暴力、背叛和复仇的地狱般的世界，在这部作品的结尾，法农呼吁人类脱去它的旧皮肤，去开创一种新的人性。

希·尼采一样，法农试图摧毁（以及偶像崇拜）西方文明崇拜的偶像们，希望摧毁那些在反黑人种族主义的世界和实施殖民统治的世界中阻碍人类精神的偶像[①]。

掌握语言所蕴含的的转化力量就是其中一个特点。语言是一种具有形塑现实的力量的构建。法农在阅读马克思在其讨论费尔巴哈的第十一篇论文中提出的建议时注意到："哲学家们只是以不同的方式解释世界；但问题的关键则在于改变世界。"他通过保罗·瓦莱里的观察——语言是"在血肉中迷途的神"[②]——揭示了马克思的这条格言的神圣特质。因此，改变语言即改变现实这项神圣事业。然而，生活的语言是具身的。换句话说，血肉和语言是共生的。法农在这里提到了关于身体和肉体的现象学观点，它们同时也指意识，从存在主义现象学的角度来看，意识总是关于事物的具身意识，包括主体间意识或者社会世界。这是因为意识需要一个观点、一个视角，而如果没有身体，这是无法实现的，正如萨特和梅洛-庞蒂所示[③]。语言赋予那些具体体现它的人以意义，这就意味着语言的转变涉及语言使用者的转变。因此，黑人自愿通过一种不同的自我表征的语言来改变世界。他或她试图使用超越（如果不能）黑人性的话语来生活。这些努力是我们熟悉的："我不是黑人，我是棕肤色的人。""我不是黑人，我是混血儿。""我不是黑人，我是双种族的人。"或者："我不是黑人，我是我自己。""我不是黑人，我是马提尼克

---

① 关于这个概念的详细讨论，特别是评估某个人自己的父亲，参见让-保罗·罗基：《詹姆斯·鲍德温：写作与身份》，巴黎：巴黎第四大学博士学位论文，2001 年，第 44 页。非常有趣的是，这个概念也与犹太教的"罪"这一概念有关。希伯来语词"chet"，通常被翻译为"罪"，字面意思是"未命中目标"。感谢简·安娜·戈登提醒了我这一点。

② 关于对尼采的方法的评论，参见卡尔·雅斯贝斯：《尼采：理解他的哲学活动之导论》，C. F. 沃尔拉夫、F. J. 施密茨，译，巴尔的摩：约翰霍普金斯大学出版社，1997 年。

③ 引自《黑皮肤，白面具》法语版第 14 页 / 英文版第 18 页；它引用了瓦莱里的《魅力》。瓦莱里：《魅力》，巴黎：伽利玛出版社，1952 年。

人。""我不是黑人，我是法国人。""我不是黑人，我只是一个普通人。"

结果是悲喜交集的。法农讲述了许多黑人努力通过穿着来表现非黑人性（nonblackness）的例子——通过离开生活着有色人的殖民地，在巴黎这样的法国大都市生活一段时间来进行本体论上的转变（因为在巴黎，有"真正"的法国人，那些处于法语世界中心的人，所以通过成为巴黎人，就能"真正地"成为法国人了），现实原则在那里等待着他们，例如，与吞掉"r"发音的舌头之间的斗争，法农将这条舌头描述为一个"懒散可怜的器官"，新到法国的马提尼克人知道这一刻板印象——"我是马提尼克人，这是我第一次来法国"（"I am Matinican; it is mi fust time in Fance"）——这个新到的马提尼克人努力地练习卷舌音"r"，直到大声喊出："服务员！给我来杯啤酒！"（"Waiterrr! Bing me a beeya!"）[①]。

法农回忆了他自小便听过的许多反对讲克里奥尔语，以及鼓励讲"真正的法语"——"法国法语"，也就是"白人"的法语——的忠告。这种现象在加勒比地区的荷兰语区、英语区、葡萄牙语区和西班牙语区是司空见惯的。在讲英语的加勒比地区，人们被告诫不要讲帕图瓦语（混合了西非语言和欧洲语言的克里奥尔语），被鼓励讲"女王的英语"。这样的法语、荷兰语、英语和西班牙语，以及其他地区的德语、葡萄牙语和意大利语，都包含着表现"白人性"的词语[②]。批评家可能会迅速回应，表示这一观察涉及重要的阶级维度，因为某些说主导性的语言的方式同时提供了经济流动性。对此，法农给出了强有力的回应。

黑人在转变语言施行方面的努力成了一出充满错误的喜剧，他不是

---

① 参见让－保罗·萨特：《存在与虚无：一篇论本体论的现象学论文》，哈泽尔·巴恩斯，译，纽约：华盛顿广场出版社，1956年；莫里斯·梅洛－庞蒂：《感知现象学》，科林·史密斯，译，大西洋高地：人文学科出版社；纽约：劳特利奇出版社，1962年。
② 这些引文在《黑皮肤，白面具》法语版的第15页和第16页。参见《黑皮肤，白面具》英文版，第20-21页。

词语的改造者，而被视为词语的"掠夺者"，即使黑人"掌握"了语言，他们仍发现在这种情况下自己在语言上身陷危险。针对阶级批评，法农注意到，黑人从未像工人阶级的白人那样说出"白人"的话。这些白人"教科书式"地说话，而有色人，特别是黑人，以"白人式"或"像白人一样"的方式说白人的话。像白人那样说白人的话意味着黑人无法实现他或她寻求的逃离规范，而是受到被符号学后结构主义者称为"符号游戏"的限制。符号游戏指的是对语言中的符号和象征使用进行戏仿的活动。严肃性是绝对的，它没有选择的余地。它将世界归结为"物质价值"——据说，这些物质价值没有任何含混[①]。"像白人"和"白人式的"意指模仿。这样一来，黑人成为了一个伪装者——戴着白人的语言面具的黑人。在这个悲喜剧中，悲剧是一副面具，象征着一种畸形、一种危险。

> 没有什么比听到一个黑人表达得很好更令人惊讶的事了，因为他这时真正地以白人世界装扮自己。我曾经有机会与外国学生交谈。他们的法语说得不好，而小克鲁索，又名普罗斯波罗，在当时却感到很自在。他为他们解释、告知、解读，并帮助他们学习。（《黑皮肤，白面具》第30页）

当然，之所以提及克鲁索和普洛斯波罗，意指的是他们与星期五和卡利班之间的关系的寓言。在笛福的《鲁滨逊漂流记》和莎士比亚的《暴风雨》中，白人闯入者对岛上的本土居民实施统治，而本土居民渴望掌握闯入者的认知方法和力量，也就是语言和科学。这个寓言对现

[①] 费拉·库蒂（约鲁巴人）在他1975年的歌曲《语法逻辑学先生即老板》中精妙地嘲笑了尼日利亚背景下的这一现象。关于对语言殖民化的有力批评，参见恩古吉·瓦·提安哥（基库尤族）：《去殖民化心灵：非洲文学中的语言政治》，内罗毕：东非出版公司，1986年。

代思想的影响巨大，甚至出现了今天的试图理解（如若不是缓和）星期五和卡利班的处境的"认知方式"。毕竟，星期五和卡利班拥有的认知方式在克鲁索和普洛斯波罗征服他们的岛屿之前就存在了。从这个角度来看，对欧洲文明的研究便变成了"克鲁索或普洛斯波罗研究"，而试图理解星期五和卡利班的处境（包括他们对克鲁索和普洛斯波罗的认知）则变为"星期五或卡利班研究"。法农对这种危险的描述是卡利班主义的：只要卡利班（黑人）始终在努力掌握统治语言而非已经"掌握"它，普洛斯波罗（白人）就是安全的①。这出现了一种双重标准：黑人只有在能说白人语言时才被视为人类，但如果他们能说白人的语言，他们就是危险的。因此，人们必须提醒黑人其局限性："是的，黑人应该成为一个好黑人……自然，就像一个不假思索地花钱的犹太人是可疑的一样，一个引用孟德斯鸠的话的黑人最好能被监视。"还有更多："当一个黑人谈论马克思时，得到的第一个反应总是一样的：'我们已经把你提升到了我们的水平，现在你却反对你的恩人。忘恩负义！显然我们对你不抱任何期望。'以及那个非洲的种植园主的打击式的论点：我们的敌人就是教师"（两段引用均来自《黑皮肤，白面具》，第27—28页）②。之后，法农通过引用米歇尔·萨洛蒙博士发表于《非洲之声》（*Présence Africaine*）的文章《从犹太人到黑人》中的语段，进一步强调了普洛斯波罗的观点。法农在这一章的注释九中引述了这段文字。正如法农所引用的，萨洛蒙写道：

---

① 这一主题在许多存在主义者的思想中都有体现，特别是西蒙娜·德·波伏娃在《含混伦理学》中的讨论。参见西蒙娜·德·波伏娃：《含混伦理学》，伯纳德·弗赫特曼，译，纽约：堡垒出版社，2000年。

② 有一次，我另一本书的校对编辑询问我"黑人与卡利班之间的关联是什么"这一问题。她坚持认为，卡利班这个人物形象是可耻的，将黑人与他联系起来是将黑人降格并贬低黑人。然而，她没有意识到的是，对于一个反黑人种族主义者来说，所有的黑人最终都是可耻的，因此都是"黑人"。而"黑人"如果不是卡利班，他是什么呢？

我在医学院认识了一些黑人……总之，他们令人失望。他们的肤色本应允许他们为我们提供表现善意、慷慨或在科学上表达友爱的机会。可是，他们却在履行这种责任和要求我们表现善意上懈怠不堪。我们只剩下默默啜泣的温情和诡谲的关心。我们没有要资助的黑人，也没有任何原因去憎恨他们；在日常生活的琐事和小勾当中，他们与我们几乎一样重要。

此处，黑人找不到提供庇护的方向。有色人的话语代表着一种"贬低"。要求白人用这种话语对黑人说话意味着屈尊俯就。用白人的语言与白人交谈代表着模仿和篡夺。无论是有色人还是白人，对于这样一个黑人，他们的回应通常是一样的："你最好待在自己的位置上"（第26页）。

对于一些可能已经不再恐惧的白人来说，面对掌握主流语言的黑人会产生令人惊叹的时刻。法农引用了安德烈·布勒顿对艾梅·塞泽尔反殖民主义经典诗作《返乡笔记》的引介，布勒顿宣称："这里有一个黑人，他处理法语的能力超过今天的任何一个白人。"法农回应道："我不明白为什么会有矛盾，想要突出些什么，因为事实上，艾梅·塞泽尔先生是马提尼克的本地人，也是一位大学毕业生"（第31页）。那些以白人记者的讲话方式讲话的黑人电视记者，以其他律师的讲话方式讲话的黑人律师，以白人医生的讲话方式讲话的黑人医生，以其他大学教授的讲话方式讲话的黑人大学教授，以其他总统和首相的讲话方式讲话的黑人总统或首相，等等——为什么这些专业人士的言语经常会让听众感到惊讶，有时会引起震惊和恐惧，有时甚至会令听众们情绪激动？

语言的诱人之处在于它既令人心动又不可靠。符号抵抗虽然重要——毕竟法农批评这种对居高临下的语言的使用——但是有时它不但没有缓解问题，反而却使问题更严重了。黑人为了像白人一样被认可而掌握语言，这一点反映了一种从属黑人人性的依赖性。正如切斯特·丰特诺特的简洁总结所言："黑人不经意间将自己置于比白人更低的、更妥协的地位。黑人试图向殖民主义者证明自己，但是这却暗示着他们在寻求殖民主义者的认可，因而被降到了较低的地位。"[①] 然而，这种符号问题的加剧使语言的重要性凸显了出来。语言的一个重要意义在于它具有固有的公共性。在无法公开退却的情况下，黑人可能会转向内心，在私人领域和性领域作寻求庇护所。

"请做我的镜子吧"

法农对性心理上的退避所作的讨论受到了许多批评。对有色人女性的讨论，特别是对马约特·卡佩西亚于 1949 年获安的列斯文学大奖的自传体小说《我是马提尼克人》以及她后来的小说作品《白肤色的黑人女子》[②] 的批评，成了指责法农厌恶女性的依据。前一部作品一般被翻译为《我是马提尼克人》，但表示马提尼克人的原法语词尾部的"e"指出了作者的性别，因此字面上的翻译是《我是一个马提尼克女人》。为了使英文翻译流畅，人们会加一个补充说明，揭示内容为："我是一个马提尼克女人"。然而，这里存在很多模糊之处，因为作者不仅仅是"一个"马提尼克女人，从黑人作家文本被阅读的方式来看，她代表着"马提尼克女人"或者更糟糕的是"整个马提尼克女性群体"。第二本书的标题直截了当，因为她使用了法语定冠词"la"：《白肤色的黑人女子》。法农对卡佩西亚第一本书的讨论，评论文献中来回争论的情况是如此之多，以至于评论

---

① 对殖民主义的这一方面所作的近期讨论，参见奥卢费米·塔伊沃：《殖民主义如何打断了非洲的发展》，布卢明顿：印第安纳大学出版社，2010 年。
② 小切斯特·丰特诺特：《弗朗兹·法农：革命家》，《第一世界》，1979 年第 2 卷第 3 期，第 27 页。

家 T. 德尼安·夏普利－惠廷撰写了一篇文章，讨论这场辩论是如何演变成关于法农和女性主义之争的[①]。我常常在想，这许许多多的批评家是否真正阅读了法农所说的话，而不是对道听途说的法农的话语作评论。鉴于此，我想在这里声明，那些关注对称性缺失的分析中期待对称性的论点存在缺陷。我不清楚，法农是如何在没有对他正在进行的论述的一部分进行批评的情况下就卡佩西亚和 A. 萨吉这两个主要的有色人女性进行重要记述的[②]。

　　法农表示他当时正在研究病理案例，恐惧症患者和失败者的案例。纵观全文，我也没有看到黑人（尤其是马提尼克人）男性生活得特别好。他们是寻求认可的人，具有悲喜交加的色彩，他们是自以为是的巴黎游客，回到安的列斯群岛后被"奉为神明"，在"白色乳房"里幻想成为文明的探索者，他们是通过白人女人或者至少是高傲地能提供一点白人特质的混血女人等来寻求白人性的可悲奴隶。除了诸如此类的讨论，法农与他的父亲的关系也值得关注。法农与他父亲之间的关系可以作为戏剧的素材；正如我们所见，他对这个男人的敌对态度即使不算是残酷的，至少也可以说是麻木不仁的。法农表现得就像他只有母亲，尤其是二战期间他在北非和南欧度过的那些岁月中，正如我们在他执行危险任务之前的信件中看到的那样——我在此处引用：

　　　　爸爸，你有时对你作为父亲的责任疏忽不顾。一旦我允许

　　　自己这样评判你，那就说明我已不再属于这个世界。这是来自

---

① 马约特·卡佩西亚：《我是马提尼克岛女人》，巴黎：科雷亚，1948 年。马约特·卡佩西亚：《白肤色的黑人女子》，巴黎：科雷亚，1950 年。在这些书出版后不久，英语世界发表的评论，参见默瑟·库克：《〈我是马提尼克岛女人〉书评》，《黑人历史杂志》，1949 年第 34 卷，第 3 期，第 369－371 页。

② T. 德尼安·夏普利－惠廷：《弗朗兹·法农：冲突与女权主义》，兰汉姆：罗曼与利特菲尔德出版社，1998 年。

彼岸的指责。妈妈有时因为你而不快乐。她已经因为我们而不
快乐了……如果我们这八个孩子有所成就，应该将此荣耀全部
归功于妈妈一个人……我可以想象你阅读这些词句时的表情，
但这是事实。看看你自己，回头想想过去的岁月；坦诚自己的
内心，勇敢地承认，"我抛弃了他们"。好吧，悔过的信徒，回
到群体中来吧[①]。

　　法农在《黑皮肤，白面具》中反复提到黑人不是一个男人，并且正
如我们所看到的，他谈到，黑人在他的亲人身上寻找他的男性阳刚之
气、他的男子气概。虽然法农是用比喻来言说——就像人们通常做的那
样——但他也是在用自传进行言说。如果我们注意到法农是在加勒比海
地区的殖民地长大的，他的行为就可以理解了。关于法农的传记和批评
文献几乎完全致力于讨论法国对马提尼克社会的各种影响，这些影响明
显是父权制的。法农提醒我们，"带有其缺陷、失败和恶习的父权制欧
洲家庭与我们所知的社会紧密相连，产生大约百分之三十的神经症患者"
（第 39 页）。这是法农错误地将这个观点归因于尼采的结果，用法农的
话来说便是"人的不幸即他曾经是一个孩子"（第 8 页）。这句话实际的
来源于西蒙娜·德·波伏娃的《含混伦理学》（1947），正如马修·雷诺
告诉我们的，这本书与《第二性》（1949）一起揭示了波伏娃与法农之间
的关联[②]。波伏娃在两个地方提出了这个观点。第一处是指涉笛卡尔就人
们面对有限权力时对无限自由的考察，笛卡尔说道："人的不幸来自于他

---

① 阿卜杜拉耶·萨吉：《妮妮，塞内加尔的混血儿》，巴黎：《非洲之声》，1954 年第 1-3 期。另见阿卜杜拉耶·萨吉：《文学与殖民化》，《非洲之声》，1949 年 4 月第 6 期。
② 引自乔比·法农：《为了弗朗茨，为了我们的母亲》，《无国界》，1982 年第 5-11 期，第 10 页；胡赛因·阿卜迪拉希·布尔汉：《弗朗茨·法农与压迫心理学》，纽约：普列纳姆出版社，1985 年，第 19 页。此处的译文出自布尔汉。

曾经诞生为一个孩子。"① 第二处则时在她自己的论点阐述中："人的不幸来自于他曾经是一个孩子，因为他的自由起初是被掩盖的，这让他对自己不了解其紧迫性的那些时光充满怀旧之情。"② 尽管这只是波伏娃最初的关于人类处境的一个见解，但她后来将其应用于一些特定的体现方式、身份认同以及人类有时对尚未实现这些存在方式怀有的渴望。她在《第二性》中表达的"不是生而为女性，而是变成女性"的观点正是基于这一见解，并明确预示了法农关于"将黑人当作白人来构建"的论点，即黑人是被制造或构建的。正如波伏娃研究揭示了让 - 保罗·萨特在《存在与虚无》中对她的重要概念（如凝视，the Look）以及她对个体与他者之间的具体关系的讨论的借鉴，我们也可以清楚地看到法农至少在以下几个方面受到她的思想的影响：探讨人类发展史的哲学人类学、黑格尔认知辩证法的局限性以及心理分析学在他的首部作品中的重要性③。波伏娃和法农认为，性别和种族化导致了关于一种社会状况的诸多问题，这种社会状况阻碍人类的发展：人们不幸地对童年怀有怀旧之情在成年能够实现的地方是有道理的。然而，在一个只提供强迫给予的童年，而没有其他选择的世界中，我们又该怎么办呢？女性并非男性。一些男性是标准而另一些男性却被否定了男子气概，这会产生什么后果？被否定了男子气概的男性如何与女性建立关系呢？

我们再谈谈作为一种模式的欧洲的父权制家庭，许多马提尼克人和其他加勒比海地区的人拼命地摆脱他们的非洲血统，这种身份被贴上了

---

① 参见马修·雷诺：《种族的性别：法农，波伏娃的读者》，《当代马克思》，2014 年第 55 期，第 36-37 页。
② 西蒙娜·德·波伏娃：《模糊的道德》，巴黎：伽利玛出版社，1969 年，第 51 页。西蒙娜·德·波伏娃：《模糊的伦理学》（英文版），伯纳德·弗赫特曼，译，纽约：堡垒出版社，2000 年，第 35 页。这部作品的实际标题是"为了道德的模糊性"，但英文译者选择了"模糊性的伦理学"，这可能是因为波伏娃偏爱从意义的模糊性中产生的责任，而非单纯遵循道德规则。
③ 西蒙娜·德·波伏娃：《模糊的道德》，巴黎：伽利玛出版社，1969 年，第 58 页。西蒙娜·德·波伏娃：《模糊的伦理学》（英文版），伯纳德·弗赫特曼，译，纽约：堡垒出版社，2000 年，第 40 页。

"原始主义"（人类的童年时期）的标签。除了对他们自己身上的非洲血统的理解存在一定程度的扭曲，还有一个由多数非洲裔人所秉持的文化保留所标记的维度——这些文化保留以母系组织方式统筹财富。结果通常是，家庭的管理，甚至连房屋所有权均倾向于以女性为中心。如果殖民国家的价值观没有被作为"真正的"价值观强加在非洲和（其他地区的）本土居民身上，那么这种情况就仅仅是生活在两套价值观之间。母系家庭不会是一个"缺陷"。但是，当文化混合的社区赋予父权制价值观特权时，后果便是灾难性的。法农的父亲是一名海关官员，他有时在海关为他人工作，有时则在家族店铺里工作，但法农感到他们的父亲对白人男性没有任何权力，无论这些白人男性的数量是多么少——毫无疑问许多黑人儿子也这么想。法农显然为他的父亲感到羞愧，因为他觉得他的父亲不是一个男人，因而也不是一个真正的父亲，换句话说，他把自己的父亲看作是一个失败的父亲。后来，法农始终对男性地位的降低保持警惕。法农曾做过一个著名的脚注，我们稍后将讨论，他在这个脚注中否认马提尼克存在俄狄浦斯情结。他既有对的方面，也有错的方面。对的方面在于，确实有一个结构性的白人盘踞在黑人男性的现实之上。错的方面则在于，法农对自己的存在处境的理解，因为他渴望替代自己的父亲。这种渴望出现在一个有色人种男性的男子气概总是受到质疑的世界中。在这样的社会中，有色人种男性的男子气概取决于他们是否是有用的，但是经济体制又使他们比女性居民稍稍有用些或者常常不如女性居民有用，这个经济体制使得殖民力量幼化和剥削有色人种男性和女性，这种对性别（gender）的质疑一直持续不断。凡是存在种族主义的地方，都是如此①。现在，我们可以看到，法农既不是厌女症者，也不是恐惧同性恋者（我们稍后会了解到），他厌恶自己作为一个黑人男性而被安排的角色。他回忆起在漫画书中：白人男孩被设定为英雄人物，而黑人男孩则被设定为反派和野蛮人；异性恋的假定是白人男性拯救女性（无论种族如何）免受黑人和其他有色人种男性的侵害（第 120 页）②。如果黑人男性不是——实际上，也无法成为——一个男人，而法农是一个黑人男性，那么他也可能不被承认是男人，也无法成为一个男人。法农想要成为一个男人，但在这样的理念框架下，这似乎类似于萨特所表达的——人想要变成神，但这只是无用的激情③。

　　然而，我无法原谅法农，因为他没有清清楚楚地说明他对波伏娃的借鉴。虽然他承认了安娜·弗洛伊德在精神分析领域的贡献，但存在主义哲学领域却完全是贾斯珀斯和萨特等男性学者的天下。很明显，波伏娃不仅为法农的思想提供了许多知识支持，而且，她的至少两部重要著作在法农写作《黑皮肤，白面具》也为其思想提供了支持，我们可以在法家中的图书馆找到这些书④。波伏娃在哲学领域以及人类科学领域的贡献在当时已经是巨大的，尽管存在争议。争议并不是法农害怕的挑战，

---

① 参见西蒙娜·德·波伏娃：《第二性》第一卷、第二卷，巴黎：伽利玛出版社，1949 年。西蒙娜·德·波伏娃：《第二性》，康斯坦斯·博尔德、希拉·马洛凡尼 - 切瓦利埃，译，纽约：兰登书屋，2011 年。就波伏娃对萨特的影响所作的讨论，请参阅玛格丽特·西蒙斯：《波伏娃与第二性：女性主义、种族与存在主义的起源》，兰汉姆：罗曼与利特菲尔德出版社，1999 年，第三章。

② 关于男性地位下降的意义，可以参考艾·亚历山大·阿尔文·普森特：《黑人与白人的自杀：理论与统计》，《非裔美国人研究指南》，路易斯·戈登、简·安娜·戈登，马萨诸塞州，韦尔斯利：布莱克威尔出版社，2006 年，第 265-278 页。同时，也可以参阅 W. E. B. 杜波依斯：《美国的黑人重建：1860—1880》（初版于 1935 年），纽约：自由出版社，1998 年版；德博拉·贝尔和希瑟·E. 布洛克：《SPSSI 政策声明：失业的心理后果》，社会问题心理学研究会网站，2014 年 6 月 27 至 29 日，http://www.spssi.org/index.cfm?fuseaction=page.viewpage&pageid=1457。

③ 学界近期对这些流行文化肖像所造成的种族伤害所作的讨论，参见米拉吉·德塞：《心理学、心理层面与批判性实践：一位现象学家阅读弗朗兹·法农》，《理论与心理学》，2014 年第 24 卷第 1 期：第 62-63 页。

④ 参见萨特的《存在与虚无》，第 784 页。

由此波伏娃得以在法农的思想中出席，但却被排除在引用层面之外，这可以被视为体现了认识论上的性别偏见。然而，这种思想谱系中还有一个额外的转折。毕竟，波伏娃承认理查德·赖特对她的思想产生了影响，尤其体现在她关于双重意识的观点中对女性生活经验的处理，以及她在《第二性》中对女性和被种族化的主体的探讨①。赖特也以相似的方式影响了萨特的思想，正如罗纳德·海曼在《萨特：一种人生》中所描述的那样：

> 美国黑人作家理查德·赖特曾告诉他："在美国，不存在黑人问题，只存在白人问题。"在法国时，萨特表示，没有犹太人问题，只有反犹太主义问题。是反犹太主义者制造了犹太人；应该问的问题不是"犹太人是什么？"，而是"你们把犹太人变成什么了？"。②

这种思想交流与循环揭示了一个不断发展的思想社群，在这个社群中，每个参与者都能影响别人，通过这种方式，利用一个人的资源去引发了其他人的思考。换句话说，这些思想之间存在着根本的关系，通过性别来讨论种族，揭示了二者之间的共生关系。承认波伏娃的同时也召唤了赖特，阅读法农的作品应该会引出波伏娃以及对压迫进行存在主义

---

① 参见弗朗兹·法农档案目录，史前、人类学和历史国家研究中心（CNRPAH），阿尔及利亚文化部，2013 年。

② 参见波伏娃的《第二性》的最后一章《独立的女性》（她在这一章中讨论了赖特的《黑小子》），以及她在《美国日复一日》（西蒙娜·德·波伏娃：《美国日复一日》，卡罗尔·科斯曼，译，伯克利：加利福尼亚大学出版社，1999 年）中关于她与赖特的关系的个人叙述。欲了解她与赖特的关系及赖特对她的影响的详细情况，请参阅玛格丽特·西蒙斯《波伏娃与第二性》的第 11 章（玛格丽特·西蒙斯：《理查德·赖特、西蒙娜·德·波伏娃及〈第二性〉》，《波伏娃与第二性》，第 167—184 页）。另请参阅雷诺的文章《种族的性别》，第 6—7 页，以及乔治·扬西受法农启发所写的《黑人身体，白人凝视：种族的持续意义》（乔治·扬西：《黑人身体，白人凝视：种族的持续意义》，兰汉姆：罗曼与利特菲尔德出版社，2008 年，第 142—143 页）。

批评的学者的许多典型作品。那么，为什么她在这部受到她明显影响的作品中没有被引用呢？波伏娃、法农、萨特和赖特都已经去世，他们生前都知道彼此；此外，参与了这部作品的创作的乔茜·法农也已经离世，这个情况为这件事留下了更多的猜测空间。

　　让我再回到法农在研究性别与种族的相遇时所面对的挑战的讨论：关键问题在于他的分析的最终目标是什么。正如在关于卡佩西亚的文本的那些富于想象的材料所描绘的，她迫切希望成为的不只是一个女人。她想要成为白人。她已经意识到自己是一个女人，但是作为一个有色人种女性，她被封锁在一种欲望的域界中，她渴望寻求的最重要的是她所缺乏的东西。她不仅渴望白人性，而且渴望被人渴望，而且，由于她认为白人性是最令人渴望的，所以这就是她最渴望的东西。法农和卡佩西亚都代表了一种失败，但是法农的失败将在《黑皮肤，白面具》中得以显现。尤其是，他写第二章和第三章的目标是探索一种特殊形式的失败，这种失败发生在从公共语言领域退避到所谓的私人性亲密关系领域的过程中。要理解法农对这种退避的分析，我们首先需要理解他的论点所包含的拉康式精神分析维度。

　　著名符号学精神分析学家雅克·拉康曾就语言对俄狄浦斯情结的影响作过几次重要讨论[①]。对于拉康来说，作为符号的父亲也使合法性成为了符号秩序的一部分。在符号秩序中，"女人"的存在是有问题的，因为这个秩序是父权主义的，由自己的父亲，说得更世俗些，由父亲们来定位。此处，权力与阳物崇拜相关，而"女人"则与这个秩序不一致，可以说是被迫顺从于它。与经典精神分析学一样，女性体现了阉割焦虑（阳物的"缺席"），拉康精神分析学将女人明确表述为缺乏或者差异或

---

① 罗纳德·海曼：《萨特：传记》，纽约：卡罗尔和格拉夫出版社，1987年，第220-221页。

者可以说是失败。海地著名拉康精神分析学家威利·阿波隆观察到，许多女人经历了这种缺乏，这导致（他遇到的）精神病女性患者在心理上反复产生一个欲望主题——对某种类型的爱的渴望。他认为，她们渴望的是"爱的某种特征——更准确地说，是爱的话语，某些将她们作为主体和言说对象的话语"①。对于这些患者来说，只有父亲或者扮演父亲角色的人才能赋予这些话语以价值。这样的男人或者至少是他们所象征的东西才真正地有权力给予这些女人她们曾经想要的东西，或者满足她们的渴望（如果跨越时间进行概括的话）。

让我们称这种现象为"爱的话语"。爱提供认可，这种认可同样也是一个合法化的过程。当一个人被爱时，他接受来自他人对自己的存在的评判。给予爱的人对世界做出了一个判断，即被爱的人应该存在。这解释了为什么给予爱的人会觉得所爱之人的死亡是无法忍受的，以及为什么——正如克尔凯郭尔和其他许多人注意到的——爱也会因那些已过世的所爱之人继续延续；爱继续了对所爱之人的一种评判，即那些已经离世的被爱之人应该永远存在。给予爱的人以与他人不同的方式"看待"他们的所爱之人。给予爱的人赞美所爱之人的完美与不完美之处；其他人可能认为不吸引人的特征在给予爱的人眼中处处充满神奇；这些特征验证了被爱之人的独特性并确认了其不可替代性②。用法农的话来说，"我爱的人通过支持我对自己阳刚之气的认可来增强我的力量，另一方面，因为需要赢得他人的赞赏或爱，我会在自己对世界的整体看法上建立起一个价值体系……真正的爱是为他人许愿希冀他们获得他们自己想要的东西，当这种追求将人类现实的永恒价值统一起来时，这意味着，

---

① 雅克·拉康：《写作：精选集》，阿兰·谢里丹，译，纽约：W. W. 诺顿出版社，1977年。
② 威利·阿波隆：《女性气质的四季，或一个女人人生中的四个男人》，《论题》，1993年第12卷2期，第103页。

基本上摆脱了无意识冲突的心理驱动被调动起来了"（第33页）。

法农关于对有色人种女性异化的爱的影响的探讨先于托妮·莫里森在《最蓝的眼睛》中的思考。莫里森写道："最好的藏身之处就是有爱的地方。因此，往往存在这样的转变：从原始病态的残忍转变为伪装的仇恨，再到虚伪的爱。距离雪莉·泰普尔只有一小步。我后来学会了崇拜她，就像我学会享受清洁一样，尽管我在学习的过程中明白这种改变只是一种适应，并没有提升。"[①] 反黑人种族主义给爱带来了什么影响？在爱的过程中，一个人从爱人的眼中，从他/她的嘴巴说出的话语中寻求一种自己存在的正当理由。法农和莫里森在这里揭示了一种特殊的失败，即通过爱白人性来逃避反黑人种族主义的社会现实原则。法农的意思并不是说跨种族关系必然是逃避黑人性的病态努力。他的论点是，当白人性成为联系的基础时，这种努力是病态的，因此是一种失败。

法农之所以决定分析《我是马提尼克人》和萨吉的《亲爱的》是基于两个理由：第一本书受到的赞誉以及这两部作品为讨论黑人女性和黑白混血女性在反黑人的社会中处于从属地位带来了洞见。以下是法农对《我是马提尼克人》的介绍：

> 毕竟，当我们读到《我是马提尼克人》中的这段话时———"我本来想嫁给一个白人。但在白人眼中，有色人种女人从来都不值得尊重，即使他爱她。我了解这一点。"我们有权担忧。这段话在某种程度上可以作为某个缥缈幻想的结论，触动人们的思维。有一天，一个名为马约特·卡佩西亚的女人

---

① 关于这个概念的更多信息，请参阅路易斯·R.戈登：《不可替代性：一种存在现象学反思》，《倾听：宗教与文化杂志》，2003年第38卷第2期，第190-202页。

出于一种难以捉摸的动机，坐下来写了两百零二页关于她的生活的文字，最荒谬的观点在这些文字中间肆意扩散。这本书在某些圈子中受到了热烈欢迎，这迫使我们要对它进行分析。对我来说，一切迂回表述皆不可能：《我是马提尼克人》是一个劣质商品，是一篇颂扬腐朽的布道词[①]。（第 34 页）

T. 德尼安·夏普利－惠廷介绍了《我是马提尼克人》"在某些圈子中受到热烈欢迎"的情况。她在她这部有影响力的研究的第 36 页写道：

1949 年，马约特·卡佩西亚因《我是马提尼克人》成为了获得著名的安的列斯文学大奖（1948）的第四位安的列斯群岛人和第一位黑人女性。安的列斯文学大奖项于 1946 年在巴黎设立，奖金高达两万法郎，奖项设置包括小说、历史小说、散文和诗歌这几个领域。有趣的是，认为卡佩西亚的作品值得肯定的评委会是由十三位法国人组成的。这部自传体小说并没有被支持黑人主义运动的作家们视为杰作，也不曾出现在《非洲之声》文学批评和书评的版面上。最近，该书的真实性，即卡佩西亚的作者身份也受到了质疑。尽管玛丽丝·孔德在《女性的话语》中列出了法语区安的列斯女性作家的书目，但在帕特里克·沙莫瓦和拉斐尔·康菲安的这部安的列斯人的文学史巨著《克里奥尔文学：安的列斯和大陆文学的踪迹 1635—1975》中并未提及卡佩西亚的作品。当然，有人会说黑人男性文学家对黑人女性作家的排斥并不令人意外，甚至还会有人说，这表明人

---

① 托妮·莫里森：《最蓝的眼睛》，纽约：华盛顿广场出版社，1970 年，第 22 页。

们坚持不懈地在努力赋予男性声音特权并压制女性坦率地表达其经历。可是，这样的说法过于仓促，因为 20 世纪四十年代至五十年代的《非洲之声》月刊刊载了许多黑人女性和白人女性的作品，而且《克里奥尔文学》实际上涵盖了一批精干的安的列斯女性作家，包括玛丽丝·孔德、西蒙·施瓦茨－巴特和苏珊·塞泽尔[①]。

因此，这部作品受到的认可为我们探讨一群有影响力的法国白人男性想要阅读什么，也为我们理解法农对"白人建构"的研究带来了启发（参见《黑皮肤，白面具》法语版，第 6 页）。但更重要的是，即使存在法国白人读者主导市场的现实，我们仍然可以找到空间来了解被描绘为黑人常态的病态黑人性。简而言之，卡佩西亚的自传体小说有助于我们深刻理解对安的列斯被殖民的人们的生活产生影响的社会因素。

在整个加勒比海地区，人们对白人性的崇拜众所周知。在法农的时代以及在今天，这些岛屿上的居民的生活中有两个原则在起作用。这些岛屿的人口结构通常与马提尼克岛的情况类似：一小群来自欧洲的白人，一小群"当地的"或克里奥尔白人，一小群棕肤色人（通常是混血儿，以及居住在加勒比海英语区的华人和东印度人），以及占绝大多数人口的黑人。卡佩西亚把这些人分别描述为"法国的白人""马提尼克白人""混血儿"和"黑人"。（在牙买加的一个讲英语的岛屿上，有人听到了"白人""白肤色的黑人""棕肤色人""苦力"和"黑人"这些称呼。）这些

---

① 我之前使用了"想象力资源"这个说法是因为文本本身属于 19 世纪拉丁美洲的一种文学流派的一部分，而且有很多证据表明卡佩西亚并没有写太多这样的东西。参见 A. 詹姆斯·阿诺德：《弗朗兹·法农、拉菲卡迪奥·赫恩和"马约特·卡佩西亚"的骗局》，《比较文学评论》，2002 年第 302 期，第 148—166 页。这为法农称其为"廉价商品"的说法提供了可信度。由于我们的关注点在于法农的思想和话语，而不是卡佩西亚，我将请读者自行查阅我推荐的这篇文章以及卡佩西亚的著作，以便了解后续的相关问题。

法农说了什么

分类所带来的严重后果便是在伊斯帕尼奥拉岛上这样的区别对待成为了削弱海地革命的目标的一个重要因素；而在多米尼加共和国，独裁者拉斐尔·特鲁希略竟然想通过其"白人化"政策将多米尼加共和国的人民（包括白人和加勒比海本地居民，特别是塔伊诺人）混合。许多多米尼加人相信了这个虚构的主张，尽管从哥伦布时代以来，西班牙征服者在这片土地上实施过种族灭绝，这里几乎没有土著民了，而生活在此地的非洲人的人口数量却很大。关于海地，安娜·朱莉娅·库珀观察到：

> 这些肤色偏见……在理论上更容易被憎恶，尤其是当人们没有生活在这些偏见持续了几个世纪的地方，当人们对殖民地的生活一无所知的时候。在殖民地，这些偏见已经根深蒂固，甚至比古代以来自由人和奴隶之间的其他社会区别更为强大，以至于一个混血奴隶甚至会拒绝服从于一个自由的黑人，即使后者胆敢买下他也依然如此。我们必须承认，在圣多明各，混血儿们的态度甚至比白人殖民者更残忍，而且在解放他们那些仍被奴役的兄弟这件事情上，混血儿们的抵抗行为比白人殖民者更激烈[1]。

在直至 21 世纪种族划分仍然继续产生影响的那些殖民地，安娜·朱莉娅·库珀的描述几乎没有例外。至于岛屿的另一边，特鲁希略的主张得到了许多多米尼加人的支持，它实际上是将混血儿从多米尼加共和国

---

[1] T.德尼安·夏普利－惠廷：《弗朗茨·法农：冲突与女性主义》，兰汉姆：罗曼与利特菲尔德出版社，1998 年。另见阿诺德的《弗朗茨·法农、拉夫卡迪奥·赫恩与骗局》。

的种族体系①中去除。我们应该记住，"混血儿"一词来自拉丁语单词"mulus"，意思是"骡子"，它指的是白人（马）和"黑人"（驴）之间的混杂。骡子的比喻说明了渗透在反黑人社会中的一种自欺理论：这种种族混杂据说会产生不育的后代。可以想象，一个"能生育的混血儿"②对社会本体论力量所构成的威胁，人们认为这个混血儿被体现了概念之间的矛盾与冲突。一些社群试图通过纯白人的身份证明来解决这种矛盾。棕肤色的多米尼加人声称自己是白人和塔伊诺人，这相当于在说他们不是（黑人和白人）混血儿。在波多黎各，这一推论在拉丁美洲加勒比地区成为一些诗歌的逗趣对象，其中的一个诗句是："你说你是白人，那就给我看看你的祖母"，它暗指了白人性渗入黑人族群的历史，这既与那些关于纯血统的主张相矛盾，又提醒人们这些主张绝无浪漫可言。请注意，波多黎各的谚语没有性别对称（gender symmetry）；换句话说，人们不会要求那些种族势利眼们展示他们的黑人"祖父"。这暗示了社会约定，即许多混血儿面对的境况——他们不仅要隐藏最近的黑人祖先的存在，而且要隐藏他们的黑人祖先与白人祖先的结合通常不曾得到过传统的婚姻祝福这一事实。在那个时代，许多白人女性与黑人男性的关系被他们后代的外形上的白人性所掩盖，这一点——由于她们与许多黑人女性的境

---

① 安娜·朱莉娅·库珀：《奴隶制、法国人和海地革命者们：法国在革命期间对奴隶制的态度》，弗朗西斯·理查德森·凯勒，译，兰汉姆：罗曼与利特菲尔德出版社，2006 年，第 114 页。这部作品是库珀于 1925 年在巴黎大学完成的博士学位论文。

② 在多米尼加共和国，这些政策的后果演变到了这样的程度——立法部门和高等法院进行裁决，旨在追溯性地取消海地籍的多米尼加人（他们被视为黑人，尽管并非所有的海地人都是黑人）在多米尼加共和国的公民身份。请参阅多米尼加国家法院宪法裁决 0168-13（2013 年 9 月 23 日），以及学者们对此所作的批判性讨论，《特赦国际报告》（2013 年 11 月 14 日），http://www.amnesty.org/fr/library/asset/AMR27/017/2013/fr/74d4ee1b-103c-487b-b4c6-ab32175e0a43/amr270172013en.html。

在那些对岛上的历史情况以及实际上为取消多米尼加共和国与海地之间关系的复杂努力所作的批判性分析中，有一篇杰出的短文，请参阅朱丽莎·雷诺索、尼尔·罗伯茨：《论逆转：伊斯帕尼奥拉岛上的黑人性与政治自由》，《呼吁》，2006 年第 35 卷第 5 期。http://clamormagazine.org/issues/35-5/content/people_I.php。

况不同——也在她们有理由通过宣称血统纯洁而不承认血统混合来证明自己孩子的白人性[①]。

　　法农观察到，卡佩西亚除了说她的情人长着金发、蓝眼睛，而且是白人，再也找不到什么可描述的来体现他的英俊了。法农指出，她在童年时期是一个富于行动的女人。在她小时候，她试图通过向肤色浅一些的孩子们以及侮辱她的白人们洒墨水来使世界"变黑"。在了解到她的努力的局限性后，她转而开始想办法让她所处的环境变白，她想洗净它，"清洁"它。她变成了一名洗衣女工。然而，这还不够，尽管她的洗衣生意取得了成功，但是没有白人的认可，她无法获得白人性。她的白人情人安德烈是一名白人军官，他给予了这样的礼物。卡佩西亚完完全全顺从于他。在法农的黑格尔式解读中——在争取认可的挣扎中出现了一种主人－奴隶的关系——安德烈"是她的主人"。他继续说道："她什么都不询问，什么都不要求，只是希望生活中有一点点白色"（《黑皮肤，白面具》法语版，第34页）。她支持他，并且一度说服他带她参加白人社会上流阶层的社交活动。在那些场合中，她被现场的白人女人们的行为羞辱："那些女人"，她写道，"一直以一种令我无法忍受的傲慢目光看着我。这让我觉得自己妆化得太浓了，打扮得不得体，没有给安德烈争光，也许仅仅是因为我的肤色，总之，我度过了如此痛苦的一个晚上，我决定再也不请求安德烈带我一起去了"（《黑皮肤，白面具》法语版，第35页）[②]。为什么卡佩西亚把所有的问题都归咎于她自己呢？为什么她不直接承认那些白人女人是一群种族主义者，或者安德烈既是种族主义者又

---

① 安特南·费尔曼在对"布罗卡"的分析中表示，该术语最初指的是白人女性与黑人男性结合所生的后代，这在那个鼓励白人男性接近所有女性的制度中是被禁止的。参见安特南·费尔曼：《种族之间的平等》，阿塞兰·查克斯，译，卡罗琳·弗勒尔－洛班作序，纽约：劳特利奇出版社，2000年。
② 参见玛莎·霍德斯：《白人女性，黑人男性：十九世纪南方的非法性行为》，纽黑文：耶鲁大学出版社，1999年。

是懦弱无能的男人呢?

在她对黑人的言论中,卡佩西亚毫不吝啬恶言,尤其是在她后来的著作《白肤色的黑人女子》中,她常常把黑人男子称为"黑人",把黑人女子称为"妓女"和"荡妇"。答案很简单。白人不会做错。他们是神。法农注意到她对电影《绿色牧场》的愤怒,这部电影里有由黑人演员扮演的上帝和天使。她抗议道:"怎么能以黑人的特征来想象上帝? 这不是我对天堂的看法。不过,这毕竟只是一部美国电影而已(《黑皮肤,白面具》法语版,第 41 页)[①]。由此,我们知道了卡佩西亚所信奉的神以及她所崇敬的天堂。

在某个时刻,卡佩西亚发现自己的外祖母是白人,她感到非常高兴。法农的回应与流传于波多黎各的说法一致,即:

> 既然他是主人,更简单地说是男性,白人男性可以允许自己肆意地与许多女人发生性关系。这在每个国家都是如此,尤其在殖民地更是如此。可是,当一个白人女性接受一个黑人男性时,事情便会自带浪漫色彩。这是一种奉献,而不是占有。事实上,在殖民地,虽然白人和黑人之间很少有婚姻或是实际的长期同居,但是混血儿的数量却令人惊讶。这是因为白人男性经常与他们的黑人仆人发生性关系。(《黑皮肤,白面具》法语版,第 375 页)

法农在注释中引用了曼诺尼对法国士兵与年轻的马达加斯加女性的关系的描述,曼诺尼认为这种关系没有种族冲突。法农还补充了

---

① 马约特·卡佩西亚的《我是马提尼克人》,第 150 页。

法农说了什么

以下内容：

> 我们不要夸大其词。当征服军的一个士兵与年轻的马达加斯加女孩上床时，毫无疑问，他并没有把她作为一个独立的人进而尊重她存在。种族冲突并不是事后出现的，这二者是共存的。阿尔及利亚的殖民者们与十四岁的女佣们上床的事实并不意味着阿尔及利亚没有种族冲突。恰恰相反，问题更为复杂。马约特·卡佩西娅是对的：成为一个白人女子的女儿是一种荣誉。这证明你并不是"丛林中的产物"（这个表达方式仅适用于马提尼克上层阶级的非婚生子女；众所周知，他们的数量极其庞大，例如，据说奥伯里就有五十个孩子）。

法农的言论绝非对有色人种女性的仇恨或对她们处境的误解。他在探讨一种渗透于每个种族主义社会中的现实。例如，在奴隶制时期和战后的19世纪的美国，尽管存在禁止黑白种族联姻的法律，却仍然出现了那么多的混血儿。要找到这类问题的答案，只需参考安吉拉·Y.戴维斯的经典研究《妇女、种族与阶级》以及最近在前殖民地进行的遗传学研究文献。

憎恶黑人的黑人和混血儿常常将白人性视为优秀的特质，而白人自愿赠予的白人性则是一种意外收获。在《妮妮》中，有一位名叫马克塔尔的受过教育的黑人男会计师，他追求着混血儿速记员妮妮。关于马克塔尔，法农写道："我们必须为胆敢向一个白人灵魂献出黑人的爱而道歉……就像马约特·卡佩西亚容忍她的主人安德烈一样，马克塔尔将自己变成了混血儿妮妮的奴隶"（《黑皮肤，白面具》法语版，第44—45页）。马克塔尔受到了严厉的指责，甚至导致混血儿群体试图叫警察来对付他。这个故事的结局是，一位白人男子向混血儿妮妮求婚，混血儿群体因此庆幸希望仍在，这也导致了一个新的降格出现了了：那些与混血儿订婚的混血儿们因未能成为一种更高级别的存在而受到指责。

　　这所有的一切最终会导致什么？两个原则在一个反黑人的社会中出现了："做白人！"和"避免黑人性！"卡佩西亚和妮妮代表了这些原则："有两种这样的女人：黑人女子和混血女子。第一种女人只有一种可能性和一个关切：变白。第二种女人不仅想变白，而且想避免再度滑落"（《黑皮肤，白面具》法语版，第44页）。这两个原则导致了这些女人努力逃脱的失败。白人情人愿意帮助她们改变她们的黑人性，要么是因为他们对黑人性的爱而爱她们，要么则是因为他们虽憎恶黑人性但在所爱之人的身上却看不见它。第一种情况一定会被抵制，因为这样的爱会贬低反黑人的黑人眼中的恋人情感，而这种病态——憎恶黑人的目的是消除黑人性。这种抵制排除了第三种可能性，即白人情人既爱黑人性又碰巧爱上了他的所爱之人，因为白人情人对黑人性的爱将破坏这种结合。现在，我们讨论第二种情况。问题在于一个憎恶黑人性但又爱上了黑人的白人情人通过否认所爱之人的黑人性而陷入了一场自欺或欺骗的游戏。这种自欺是双重的：白人情人和他所爱的黑人爱人都会陷入欺骗之中。既有白人情人关于他所爱的人的黑人性的自欺，又有被爱的黑人的自欺，二者并非一回事。在后一种情况中，自欺产生自她的白人情人给予她的东西的意义。在这种情况下——如果回想起威利·阿波隆对爱的话语的观察——这将是"白人性的话语"。我们发现自己正置身于自恋的平面上——法农在整个文本中都在指涉这一现象。法农写道，黑人做出了许多努力，希望以特殊的方式被"看见"，被看作白人。关于自恋，让·博德里亚尔认为，自恋者在他人眼中寻求一种虚幻的自我形象，进而被这种欺骗所迷惑。他写道：

> "我将成为你的镜子"并不意味着"我将成为你的映像"，
> 而是意味着"我将成为你的欺骗"……诱惑就是让真实性消亡，
> 并将自己重新构建为幻象……自恋者也在自己虚幻的形象中迷
> 失了自己；这就是为什么他背离了他的真实，并且通过自己这
> 一范例使他人也背离了他们的真实[①]。

同样地，海因茨·科胡特发现了一种他称之为"自恋式愤怒"的愤怒形式。自恋式愤怒表现为：人想要不受限制的生活，却发现自己的欲望受到了限制，因此感到憎恶。愤怒的自恋者渴望成为无限制地美丽或特殊的存在，相当于作为最美丽的、最智慧的和最出色的存在而存在，以至成为——用一个词来说——类似于神或更好的存在。与博德里亚尔的描绘相一致，自恋式愤怒招致了诱惑，因为没有人可以成为神，这意味着这种愤怒所导致的欲望需要人对自己撒谎。自恋要求他人成为自恋者的镜子，向自恋者提供一个理想的形象，以及一个符合自恋者意愿的世界的形象。掩藏在"我将成为你的镜子"后面的是真相："我将成为你的谎言。"或许在关于自恋的现代寓言中，最典型的例子就是在格林兄弟的童话《白雪公主》中继母的努力[②]。这位继母——皇后凝视镜子，命令镜子告诉她她内心深处知道的事情不是真的，如果是真实的，也无法得以保持。即使某个女人曾经是这个国家最美丽的女人，现实中她也无

---

① 马约特·卡佩西亚的《我是马提尼克人》，第 65 页。
② 安吉拉·Y.戴维斯：《女性、种族和阶级》，纽约：文蒂奇出版社，1983 年。支持这一关于拉丁美洲和加勒比地区白人男性的观点的遗传学研究，请参阅见 K. 布赖克、C. 贝莱斯、T. 卡拉费特、A. 莫雷诺－埃斯特拉达、A. 雷诺兹、A. 奥维、M. 哈默、C. D. 布斯塔曼特、H. 奥斯特尔：《进化之光第四：人类状况萨克勒研讨会：拉丁裔／拉丁美洲人群的全基因组人口结构形式及混合模式》，《国家科学院院刊》，2010 年第 107 卷第 2 期，第 8954－8961 页，http://www.ncbi.nlm.nih.gov/pmc/articles/PMC3024022/。概要请见：http://communications.med.nyu.edu/media-relations/news/genetic-makeup-hispaniclatino-americans-influenced-native-american-european-and。

法始终保持如此，因为这违背现实。只有当这个女人是这个国家的最后一个女人时，她才能始终是这个国家最美的女人，而即使在这种情况下，美丽的标准也会变得模糊，甚至荒谬。镜子最终对王后的问题的回答很简单——给她的谎言强加了一个客观限制：白雪公主。除掉白雪公主（她的名字既意指纯善良的品德，也象征了真相［白色］的冷酷［雪］）成为维持她的谎言的一个必要条件。（奇怪的是，第三个元素并不在她的名字里：她的血红色嘴唇或许象征着生命，或许是她拥有非凡的生存能力的原因之一。）所以，镜子最终并不是谎言。王后投射出来的镜子变成了她的自恋式的幻想。

法农在讨论人们在亲密关系层面所做出的逃避的努力时，描述了一则关于自恋的故事。自恋始终是他在举例时关注的一个主题：

　　我最近与这样一个女人（她排斥黑人男子）进行了交谈。她满腔怒火、劈头盖脸地对我说道："如果塞泽尔如此大肆宣扬接受他自己的种族，那是因为他真的把它视为诅咒。白人会这样吹嘘自己的种族吗？我们每个人都有潜在的白人属性，但有些人试图忽视它，还有些人则将它视为非常重要的存在。至于我，我不会为了任何东西嫁给任何一个黑人。"这样的态度并不罕见，我必须承认这让我感到不安，因为在几年后，这个年轻女人将完成她的考试，并去安的列斯群岛的某所学校任教。可以猜测接下来会发生什么。（《黑皮肤，白面具》法语版，第38页）

毫无疑问，法农也被这个女人列入了塞泽尔之类的名单当中。但是，我们将会看到，这个女人对塞泽尔的评价并非完全没有道理，因为对黑人性的重视难道不也是一种自恋式的愤怒吗？我们可以借助另一个例子对法农的思考作进一步的阐述："我还认识一个黑人女孩，她列了一份清单，"'不会碰见黑人的'巴黎舞厅名单"（《黑皮肤，白面具》法语版，第40页）。可以想象这么一个女人期待在那些舞厅中看到的是什么。想象一下她需要付出多大的努力才能进入一个没有"黑人"的房间。确实，这必须是一个没有镜子（除非是白人顾客的眼睛）的房间。这些眼睛，如果它们表现得毫不反感，如果它们表现得仿佛一切"正常"，那么这将会肯定那个黑人女人的自欺：舞厅里似乎没有黑人，而且既然她会成为顾客之一，那么她就会成为舞厅里不是黑人的那群人的一员。那些白人将成为她的镜子，或者如同博德里亚尔告诉我们的那样，成为她所希望的东西——她的谎言。这正是卡佩西亚要求安德烈带她去白人社交场合时所寻求的。聚会和他给予她的，是白人性的自欺话语，是只有白人才能给予她的话语。这种处境是一种失败，因为爱情应该出现于私人领域；安德烈本应为她的存在提供些什么，而非他的白人性。然而，安德烈甚至不值得她近乎白人式的爱情，因为在小说的结尾处，他也扮演了一个典型角色——他选择了许多法国白人军人对待黑人女性的爱的方式，即抛弃了她和他们的孩子；而她则颇具讽刺意味地感激她的人生中还剩下一丁点儿白人性。在这种关系中，爱情是无法实现的，因为不公平的白人性；没有真正的爱情之言，只剩下白人的话语。

虽然法农在后面的章节中正式审视了有色人种男性的失败，但他早在对马克塔尔和妮妮的讨论中就已暗示了这一点。马克塔尔也是一个卡佩西亚，但他是在与一个混血女子相处时才表现出类似的情境。如果马克塔尔，或者任何一个黑人男性，按照拉康的价值赋予话语框架来生活，那么问题将在于他给予妮妮什么，而不是妮妮给予他什么。他的爱情话语应该足够了。可是，由于他也是卡佩西亚，所以他寻求着妮妮的某些东西，她的言语，这些言语打乱了父权制欧洲资产阶级社会的秩序。法农在对有色人种男性进行正式讨论时再次回到了这个议题，他将重点放在了勒内·马朗的自传体小说《跟大家一样的人》的主人公让·韦诺斯身上，法农将他描述为"一只待宰的羔羊"（《黑皮肤，白面具》法语版，第53页）[1]。让·韦诺斯是来自安的列斯群岛的孤儿，在法国寄宿学校长大。成年后，他一直是个书呆子，"内向"，是个所谓的"好人"，虽然是黑人，但却是"人们期待许多白人成为的那种人"（《黑皮肤，白面具》法语版，第53页）[2]。当一个白人女孩与他调情时，他回答说："勇气是一个好东西，但如果你继续这样引人注目，你会让人议论纷纷。一个黑人？真可耻——这事不值一提。与那个种族的任何人交往皆是彻头彻尾的耻辱"（《黑皮肤，白面具》法语版，第53页）[3]。请注意让·韦诺斯所使用的带着距离感的措辞（"那个种族"）。然而，当白人女子安德烈·玛丽埃尔作为一个恋爱对象出现在他的爱情故事中时，故事发生了大转折。她爱让·韦诺斯，而他也爱她。但让·韦诺斯却告诉她，他们两人不能交往。

如果让·韦诺斯是白人，人们对这种处境的标准分析可能是：他是一个恐抛弃神经官能症患者。他年轻时失去了父母，在成年后变成了一个内向的人，他害怕被抛弃，所以他选择抛弃他人从而避免自己被抛弃。然而，他是黑人，而玛丽埃尔是白人，这将爱和抛弃带到了一个维度，使让·韦诺斯与卡佩西亚，而不是与马克塔尔，更加接近。玛丽埃

---

[1] 让·博德里亚尔：《诱惑》，布莱恩·辛格，译，纽约：圣马丁出版社，1979年，第69页。

[2] 海因茨·科胡特：《论自恋与自恋性愤怒》，《自体心理学与人文科学：对新精神分析法的反思》，C. B. 斯特罗齐尔，纽约：W. W. 诺顿出版社，1985年，第124—160页。

[3] 例如，在第一版中，敌对的人物形象是生物学上的母亲，而不是继母。这一改动是为了使故事对孩子们来说更容易接受。参见玛丽亚·塔塔尔：《格林童话的严酷事实》（修订版），普林斯顿：普林斯顿大学出版社，2003年，第24页。

法农说了什么

尔给他写了一封信，表达她对他的爱。她直接坦率地说出了她的爱的言语——鉴于当时语境中的反黑人种族的因素——这些言语本应该起到与白人言语相同的作用。但是，法农觉得韦诺斯需要"授权"，他认为，"有个白人对韦诺斯说'娶我的姐妹吧'是至关重要的"（《黑皮肤，白面具》法语版，第55页）。他请教了一个白人男性朋友，M.库朗热，他以备受追捧的白人的言语回复了他。

> 实际上，你和我们一样，你是"我们"中的一员。你的思想就是我们的思想。你的行为就像我们的行为，就像我们会表现的那样。你把自己看作——别人也把你看作——一个"黑人"？这是完全错误的！你只是外表上看起来像一个黑人。至于其他方面，你的思考方式是欧洲人的思考方式。因此，你爱的方式也是欧洲人的方式。因为欧洲男人只爱欧洲女人，你几乎只能娶你栖居的这个国家的女人，我们美丽古老的法国的女人，法国是你真正而唯一的祖国……白肤色的安德烈·玛丽埃尔爱着深棕色皮肤的让·韦诺斯，而让·韦诺斯也爱慕着安德烈·玛丽埃尔……你一回到法国，就赶快去找这个心灵已归属于你的女孩的父亲，然后用拳头狠狠地敲打你的胸口，对他喊道："我爱她。她也爱我。我们彼此相爱。她必须嫁给我。否则我将在你脚下自杀。"[1]（《黑皮肤，白面具》法语版，第55—56页）

这就是我们所看到的：一个被孤立的黑人男子与被孤立的黑人女子

---

[1] 勒内·马朗：《跟大家一样的人》，巴黎：彩虹出版社，1947年。

联合，他们一道从同一个源头——白人男子——那里寻求白人性话语以肯定他们是最富魅力的人，是人们渴望的对象，就像白雪公主的继母试图催促镜子肯定她一样。然而，在经典精神分析和拉康派精神分析理论中，女人的欲望与男人的欲望有所区别。对这些精神分析理论来说，由种族所导致的"不健康"的后果是，这种区别碎裂了。反黑人的黑人女性和反黑人的黑人男性趋同。他们的欲望标志着他们在飞向亲密关系的世界时受到的限制。通过引入白人性话语使这个世界"变白"，他们抛弃了爱情。那么，法农对于《跟大家一样的人》的最终评估是什么呢？

> 《跟大家一样的人》是一个骗局，意图将两个种族之间的关系建立在一种有机的不健康的基础上。毫无疑问：在精神分析领域和哲学领域，有机的或合法的事物对于能够超越它的人来说是一个神话。从启发式的角度来看，我们必须完全否认有机的事物的存在，但是事实却仍然存在，我们无法改变的是，有些个体会竭尽全力地去适应预先确定的范畴[1]。（《黑皮肤，白面具》法语版，第64页）

有时，枪就是枪。

法农对合法性的提及表明了第四章要讨论的主要对象，即多米尼克·曼诺尼在他的著作《普罗斯伯罗与卡利班：殖民心理学》中对被殖民者心理上的一种所谓的殖民地居民情结作合法化和合理化解释[2]。当曼

---

① 勒内·马朗：《跟大家一样的人》，巴黎：彩虹出版社，1947年，第19页。
② 勒内·马朗：《跟大家一样的人》，巴黎：彩虹出版社，1947年，第46页。

诺尼试图把法国白人士兵与马达加斯加年轻女孩之间的关系描绘为没有种族冲突时，法农就已经识别出了曼诺尼作为殖民辩护者的倾向。曼诺尼的错误在于他的固执。例如，曼诺尼认为马达加斯加人有一种殖民地居民情结；曼诺尼认为马达加斯加人在被征服之前，在支配其神话般生活的规范的核心上就已经有他们坚信自身所存在的劣势性。之后，曼诺尼进一步将法国社会与其他欧洲国家进行比较，并得出结论：据说法国人是最提供种族主义的国家，马达加斯加之所以出现种族主义和殖民主义，是因为在法国人到达这里之前，这些情结就已经存在了。

　　作为回应，法农提出了他的著名格言：一个社会要么是种族主义社会，要么不是。正是因为法国社会是种族主义社会，它才征服马达加斯加、在马达加斯加建立殖民地并将其种族主义体制强加给马达加斯加人。曼诺尼的合理化解释违反了杜波依斯的警告：勿要将人问题化而是要解决人的问题。这相当于是在说，"患者身上的静脉曲张不是由于他被迫每天站立十个小时而导致的，而是因为他的静脉壁先天性薄弱；他的工作条件只是病情复杂化的一个因素。而且，保险赔偿专家在审查此案时将会认为雇主应承担的责任极其有限"（《黑皮肤，白面具》法语版，第69页）。在详细梳理了曼诺尼的各种理性化解释之后，法农得出结论，曼诺尼和所有对殖民进行合理化解释的人都错失了重点：一切形式的殖民剥削都是去人性化。同时，与几年前他给他兄弟乔比的中学老师的回复相呼应，法农指出根本问题在于归还每一个被降格的人的人性。曼诺尼比较了不同形式的殖民主义，但是最终却没有对殖民主义本身进行审判。换句话说，他的研究是殖民主义的神义论，他试图通过把责任推给被殖民主义统治的人们，从而令殖民主义制度免受批评[1]。

---

[1]　勒内·马朗：《跟大家一样的人》，巴黎：彩虹出版社，1947年，第152—154页。

此时，法农的论点出现了有趣的转折。尽管精神分析学之前被他视为分析失败的学说，但他在殖民和种族主义的语境下发现，精神分析学有一个方面站不住脚：在殖民环境中的经典精神分析符号论的相关性。此处，象征并非精神分析，而是殖民现实。在马达加斯加儿童的梦魇中，持枪的黑人士兵不再代表经典精神分析乃至拉康派精神分析讨论的阳具和性幻想，反而代表着这些人们遭遇的真实的殖民暴力。这些黑人塞内加尔士兵曾被用来维持马达加斯加的殖民秩序，马达加斯加不再是被殖民前的马达加斯了，而是成了不得不与殖民他们的法国人生活的马达加斯加。经典符号论的精神分析阐释的失败结束了三个失败的阶段——公共的、结构上个人的、以及本体论方面个人的（有机体或个体的构建）。重要的是，理性的解释模式到达了它们的极限。在每种情况下，黑人试图解决一个问题，但却发现自己成为了问题本身。因此，法农深入到更深层次的内在性或内在存在：他自己的亲身经验。我们现在来说说。

第三章　经验生活，具现可能性

《黑皮肤，白面具》第五章的标题"黑人的亲身经验"是对西蒙娜·波伏娃《第二性》第二卷——其副标题为《亲身经历》——的一个即兴重复段。波伏娃受理查德·赖特的启发，探讨了从童年到老年的经历、自恋、神秘主义以及独立问题在女性成长的过程究竟意味着什么，提供了一种存在主义人类学视角。而法农的策略则是一系列激进的个人化行动。因此，在这一章，虽然这两位伟大思想家最初是在标题和透过存在主义哲学和现象学开展的哲学研究上会面，但这章也是一个包含分歧的悖论，具有讽刺意味的是，正如我们将看到的那样，它又是一个趋同的悖论。

"亲身经验"（lived experience）是由莫里斯·梅洛－庞蒂将德语词汇"Erlebnis"翻译为法语后，引入法国哲学的。正如罗纳德·A. T. 朱迪提醒我们的那样，它在英语中不应被这样理解："客观事实或某个事件，而是指对象在作为意识时获得其地位的过程。正是在这个意义上，它也是现实。"①

第五章开篇，法农回忆了他的一次经历——一个白人小男孩在公开场合使用语言令他陷入纯粹外在的地域，即表皮图式的地域。我用"纯粹外在的"想表达的是被视为一种物品的现象，一种纯粹受因果力量支

---

① 罗纳德·A. T. 朱迪：《法农的黑人经验之躯》，《法农：批判性读本》，路易斯·R. 戈登、T. 德尼安·夏普利－惠廷、瑞妮·T. 怀特，译，马尔登：布莱克威尔出版社，1996年，第53-54页。

配的机械效应，一种没有内在生活和自我控制的存在[①]。这一章有一个显著特点，与关于语言的那一章一样，即法农将主人公称为"黑人"（the black）。这章的阐述以一个令人震惊的对比开篇，表明了法农的目标："'肮脏的黑人！'或者简单地说，'瞧，一个黑人！。'"

这段经历发生在法农在里昂攻读学业期间。那天，他登上了一辆火车。一个孩子的口中甩出的话语的力量把法农冻僵在原地。在法语中，这个男孩实际上说的是，"瞧，黑人"！这是一种展示或指向物体的言语行为。将这句话从法语翻译为英语就是"看……"，我们可以从中捕捉到说话人一边看着对象，一边指向对象的行为。这个感觉就是：想象自己在这个对象出现时完全被接管、被支配。这个例子的丰富之处在于，这种支配，可以说，也是一种支配行为，男孩感到不知所措的经历实际上也困住了他所看到的对象。因此，法农发现自己被困住了，干涸了，而且躺在一个冰冷的外在世界中。在那里，他意识到自己的处境就和一个在欧几里得几何学中的二维物体一样：他是"外在的"，可以说是一个表面，没有内在。

这段话可能是整部作品中最具影响力的部分。它对20世纪50年代以后关于压迫的考察的影响深远，大概唯有拉尔夫·埃莉森《看不见的人》的序言可以与之媲美，这两个文本经常被评论文献放在一起讨论[②]。这段话中有许多具有讽刺意味的元素，它的自传性质就是一个。这段话

---

① 这个概念在关于法农的文献中受到了广泛讨论。关于这一概念的两项极佳的近期研究成果分别是萨拉·艾哈迈德的《怪异现象学：目标、对象、他者》，2006年由北卡罗来纳州达勒姆市的杜克大学出版社出版，以及侯利亚·本图哈米的论文《身体的掌控：在梅洛－庞蒂的现象学视域下重新评估法农的身体》，发表于《哲学论文集》2014年第3卷第138期，第34-46页。有趣的是，这两者均集中讨论了这一概念的现象学意义，我将在后面的章节讨论这一点。

② 参见罗伯特·古丁-威廉姆斯的选集《阅读罗德尼·金，解读城市起义》，于1993年由纽约的劳特莱奇出版社出版，他的论文集《瞧，一个黑人！：关于种族、文化和政治的哲学论文集》，由纽约的劳特莱奇出版社出版社于2005年出版，以及我的著作《在黑色中存在：黑人存在主义哲学选集》，由纽约的劳特利奇出版社于1997年出版。

的陈述具有悖论性。法农述说了他在一个否认他的内在生活的世界的经历；他从自己内在生活的角度来审视这种所谓的缺席。于是，"黑人经验悖论"这个概念被提出：黑人经验不应该存在，因为黑人不应该有观点。尽管如此，黑人经验是唯一应该存在的，因为黑人的主体生活不能超越自身抵达主体间层面或社会层面。这种偏见很常见：黑人最多只能在特定的层面，而不是普遍的层面上生活。因此，黑人的经验遭遇一种失败——无法弥合主体生活和世界之间的差距。根据种族主义的逻辑，这种经历不是经历。法农一开始就描述了这种麻烦的经历：

> 我来到这个世界，急切地想要理解万物，我的精神世界里充满了成为世界的起源的热望。然而，我却在这里发现，自己成为了千万物品中的一个。
>
> 我被这种压倒性的客观性囚禁着，于是我乞求他人。他们解放的目光掠过我的身体，这使我突然放松了，他们的解放的目光把我原以为已经失去了的轻松又给我带了回来，然后，让我在这个世界缺席，又将我带回世间。可是，在这里，恰恰相反，我绊倒了，而另一个人通过姿势、态度、目光将我固定住，就像将化学制剂染上一种颜色一样。我愤怒了，我要求一个解释……然而，什么都没有发生。我爆发了。现在，这些碎片被另一个自我收集起来了。（《黑皮肤，白面具》法语版，第88页）

当接触社会世界时，他发现自己被封闭在一个没有相互关系的世界中。他发现自己处于一种认知封闭的境地。认知封闭是对一个现象假定已完全了解其知识的时刻。这种被假定的知识阻断了进一步探究的努力。它所导致的结果即我们所说的"反常的匿名性"。字面上，匿名性意味着无名无姓。无名无姓是社会世界中大多数可概括的特征的共同特点。通常用英语的不定冠词"a"（一个）来描述，比如"一名学生""一个过路人""一个警察""一个男人"或者"一个女人"。在日常的交往中，我们承认对担任这些角色或社会身份的个体的了解十分有限。然而，当我们根据例示了某种身份的个体来假定我们已掌握完全的知识时，这种相遇就会掺杂偏见，身份和存在之间的分裂被摧毁了，产生了一个必然存在的、被过度支配的"本体论"现实。以这种方式看待某个人就会封锁可能性。它采取命令和声明的形式，而不是质询的形式；换句话说，人们不问问题，因为他们假定自己已经知道了需要知道的一切。被以这种方式看待的人从来没有被作为对话的对象，也从来没有被询问过，而只是被谈论，他人顶多是用特殊的话语命令他，就像给一只巴甫洛夫狗下命令一样。用法农的话来说，即——

> 我被外界过度地决定了。但我不是别人对我的"想法"的奴隶，而是我的外表的奴隶。
>
> 我在世界中缓慢移动，习惯了不再假装出现。我像爬行动物一样爬行（声誉塌滑）①。白色的眼睛，这个唯一的真相，已经解剖了我。我被固定了。他们准备好了显微切片仪，客观地割掉了我的现实的一部分。我被背叛了。我感觉到，我看到，在那些白色的眼睛里，进来的不是一个新来者，而是一个新的类型的人，一个新物种。什么？——一个黑人！（《黑皮肤，白面具》法语版，第93页）

---

① 此处的这个词通常意味着"蹑手蹑脚的前行"（"creeping"），但是英语中的"爬行"（"crawling"）更接近法农所想。

法农说了什么

法农使用了适合描述动物的形象语言，以突显他那二维表皮生物的次人类维度。他通过"爬行"来行进，退化为一种类似昆虫的存在；他的触角在各个地方都捕捉到了种族主义碎片。

> 我悄悄潜入角落，我的长触角捕捉到散落在物品表面的公理——黑人的内衣散发着黑人的气味，黑人的牙齿洁白，黑人的脚大，黑人的胸膛宽阔——我悄悄潜入角落，我保持沉默，我渴望匿名，渴望被遗忘。看，只要我不再被注意到，我愿意接受一切！

最终，他退化为显微镜下的变形虫。他将自己的历史经历当作一部与理性缺乏正当关系的虚假历史。在理性与历史之间，在理论与实践之间，存在着经验，但是在这种情况下，经验意识到一种存在处境，它唤起人们对已然沉积的、去人性的构建展开存在斗争。

> 我同时对我的身体、我的种族、我的祖先负责。我客观地审视了自己，发现了我的黑人性、我的族群特征——我的耳膜被食人族①、智力缺陷、物神崇拜、种族缺陷、奴隶船的节奏所震撼，最重要的是，最重要的却是："班纳尼亚好吃！（Y'a bon banania!）"（《黑皮肤，白面具》法语版，第90页）

班纳尼亚是一种法国食物，由香蕉粉、可可和糖制成。该产品于1917年开始销售，"好人班纳尼亚"（"班纳尼亚先生"）是代言人，他

---

① 在这里，我对翻译做了一些处理。这句话可以翻译为"我的耳膜被同类相食的节拍震破了"。

代表的是一名愉快地吃着这种食物的塞内加尔士兵（见图1）。他的口号是："班纳尼亚好吃！""Y'a bon"是所谓的"小黑人"经常说的"不错 / 好吃！"[①]。

关于使用面带笑容的黑人进行产品宣传，法农有很多话要说。笑是快乐的奴隶的"天赋"。多年来，班纳尼亚先生的人类特征逐渐被类人猿特征所取代，甚至到了这样的程度——最近出现了一个图形，它类似一只戴着软呢帽的微笑的猴子（参见图2）。同样地，经由作为象征符号的香蕉粉的协调，黑人和猿类之间也有了明显的联系。这是非洲黑人——不，是塞内加尔人！营销活动暗示他们是真正会欣赏优质香蕉粉食物的最"野蛮"的一群人[②]。

这里的斗争不亚于普罗米修斯的挣扎。这是一场与难以明确定义的敌对力量的具体的斗争；为什么仅仅调用黑人便会引来各种敌对力量的，最终将他攫住，就如同通过魔法咒语召唤力量一样？这种攫住可以通过探

图1 班纳尼亚广告，1915 年

图2 班纳尼亚包装盒封面，2005 年

---

① 我最初认为这个表达是非洲克里奥尔法语，但是，感谢纳塔莉·埃托克指出，这是"小黑人"，是由监管塞内加尔士兵的法国军方发展出的一种简化法语表述（参见手册《我们的塞内加尔步枪兵所讲的法语》[巴黎：L.富尼埃环球军事印刷厂，1916 年]），随后在 20 世纪初扩展并强加给了后来变成非洲法语区的那些地带的本土居民。

② 有关班纳尼亚产品的更多讨论，请参阅扬·内德文·彼得斯：《白人论黑人：西方流行文化中的非洲和黑人形象》，纽黑文：耶鲁大学出版社，1992 年，第 162-163 页。

讨身体来理解，身体作为法农的一个部分被分解并重新构建为一个被多种因素决定的"东西"。

起初，法农感觉到他想笑但却笑不出来。除非他冒着犯公害罪的危险辱骂这个男孩的母亲（一个白人妇女）——"混蛋，是英俊的黑人，太太！"[①]（《黑皮肤，白面具》法语版，第92页）——他才能笑出来或者因这种情况感而笑，然后继续去评价更大的问题，也就是说，通过理性进行思考。

> 我个人认为，对于一个以理性为唯一武器的人来说，没有比接触无理性更令他神经质的了。我感觉到刀刃把我的心划开了。我决定保护自己。作为一个优秀的战术家，我打算对这个世界进行理性化的解释，并向白人揭示他的错误。（《黑皮肤，白面具》法语版，第95页）

然而，法农很快便发现，理性是有限的："我感到希望破灭了。那场胜利像是在跟我玩猫捉老鼠；它嘲笑我……当我在那里时，它（理性）不在；当它在那里时，我已不再在那里"（《黑皮肤，白面具》法语版，第96页）。

法农引述了主张人道主义的世界卫生组织的科学家的话语，他们以科学的方式呈现了种族主义的等级制度[②]。科学的种族主义在反种族主义理性中显示出一种矛盾，这种矛盾类似于法农以哲学抵抗找到的裁断。

---

① 法语句子"Le beau nègre vous emmerde, madame!"的字面意思是："是英俊的黑人，太太！"或者直接意为："混蛋 / 去你的！"

② 法农对科学种族主义的观点并非找不到共识与共鸣，包括那些坚持人道主义的经典学者。请参阅罗伯特·V. 格思里：《就连老鼠也是白肤色的：心理学的历史观》（第二版），波士顿：艾尔林和贝肯出版社，2003 年。

历史上的种族主义也是如此。虽然黑人生活在历史中，但仿佛对于历史而言，黑人是无形的；正如黑格尔在他的《历史哲学》的绪论中所声称的那样，黑人显然不是历史性的①。针对历史和理性，法农于是试图进行诗意的抵抗，在情感的层面进行抗争。将引导他获得救赎的牧羊人是谁？是桑戈尔和塞泽尔的黑人主义。

　　与黑人主义的相遇揭示了叙述的一个奇异的方面。法农与黑人主义的经历早于这一章所描述的反思的起始时刻。他在马提尼克上中学时就通过他兄弟的老师艾梅·塞泽尔接触到了黑人主义。塞泽尔创造了这个术语，并在他与妻子苏珊共同编辑的杂志《热带评论》以及今天已成为经典的《回到祖国简书》表达了他的观点②。事实上，法农确实接受了黑人主义，如我们所见，他支持艾梅·塞泽尔代表共产党竞选福特德弗朗斯市的市长。无疑是塞泽尔将桑戈尔式的黑人主义介绍给法农的，因为桑戈尔颇有影响力的文章主要是在 20 世纪 30 年代撰写的。但是，法农与这位黑人主义代表人物之间的评论联系则始于 1948 年，当时法农正在

---

① 参见 G. W. F. 黑格尔：《历史哲学》（查尔斯·黑格尔、J. 西布雷撰写序言，C. J. 弗里德里希撰写新引言），纽约：多佛出版社，1956 年。相关探讨和批评，请参阅路易斯·R. 戈登《法农与欧洲人的危机：论哲学和人文科学》，纽约：劳特利奇出版社，1995 年，第 2 章；路易斯·R. 戈登：《非裔哲学导论》，剑桥：剑桥大学出版社，2008 年；苏珊·巴克－莫尔斯：《黑格尔、海地和普遍历史》，匹兹堡：匹兹堡大学出版社，2009 年；特沙莱·蒂泽布：《黑格尔与第三世界：世界历史中的欧洲中心主义的形成》，锡拉兹：锡拉丘兹大学出版社，2011 年；巴卡里·卡马拉：《历史中的理性：黑格尔与非洲社会变革》，兰汉姆：列克星敦书局，2011 年；以及许多关于非洲散居族裔与批判理论传统的其他著述。

② 关于黑人主义的历史，关于黑人主义的辩论多不胜数。以下是两项杰出的研究成果，F. 阿比奥拉·伊雷尔：《黑人主义时刻：对非洲法语区和加勒比海的文学与思想的探讨》，特伦顿：非洲世界出版社，2011 年；唐娜·V. 琼斯：《生命哲学的种族话语：黑人主义、生命力主义及现代性》，纽约：哥伦比亚大学出版社，2010 年。还可以参考 T. 德尼安·夏普利－惠廷：《黑人主义女性》，明尼阿波利斯：明尼苏达大学出版社，2002 年，其标题的意思不言自明；以及关于经常被误解的桑戈尔言论的研究，见苏莱曼·巴希尔·迪亚涅：《作为哲学的非洲艺术：桑戈尔、伯格森与黑人主义这一理念》，奇克·杰弗斯，译，伦敦：海鸥图书出版社，2011 年。此外，还有一些简洁且富有洞察力的文章尤其考察了艾梅·塞泽尔在黑人主义运动中所发挥的作用，请查阅罗宾·D. G. 凯利的"一种反殖民主义诗学"，这是凯利为塞泽尔的《关于殖民主义的话语》（乔安·平克汉姆，译，纽约：每月评论出版社，2000 年，第 7—28 页）所作的序言，以及 P. 马博戈·莫尔：《黑人意识运动的思想基础》，《南非知识传统：关于个体与机制的思想》，彼得·弗莱、劳伦斯·汉密尔顿、埃斯特尔·普林斯洛，译，彼得马里茨堡：夸祖鲁纳塔尔大学出版社，2014 年，第 173—196 页。

里昂求学。桑戈尔曾主编《新黑人和马达加斯加人法语诗歌选集》[①]。这本书收录的诗歌非常独特，而且书的前言《黑人俄耳浦斯》是让－保罗·萨特撰写的。《黑人俄耳浦斯》这部经典，我们马上就讨论它。

黑人主义起源于哈莱姆文艺复兴时期的巴黎法语区的黑人和美国黑人，以及（常常被忽视的）海地文艺复兴时期的黑人之间的交流[②]。根据 D. A. 马索洛的记述：

> 在这段时间（1931 年至 1932 年），由保莱特（或安德烈）·纳达尔领导的马提尼克小组创办并出版了六期《黑人世界评论》，这是一本双语评论杂志，黑人运动的主要代表人物为它撰文。除了在评论中交流观点以外，非洲人、安的列斯人和巴黎的非裔美国知识分子代表之间也经常会面……因此，哈莱姆文艺复兴对黑人主义的诞生的影响不仅仅是远距离的，也是直接的，通过个人接触产生的[③]。

然而，F. 阿比奥拉·伊雷勒也指出，黑人主义的这三位创立者也受到了诗人埃蒂安·勒罗的重大影响。埃蒂安·勒罗与勒内·梅尼和特鲁斯·勒罗共同创办了《合法自卫》（*Légitime Défense*）杂志（1932 年），该杂志将超现实主义和马克思主义作为抵抗黑人被降格的资源和方法。

[①] 列奥波尔德·塞达·桑戈尔：《黑人和马达加斯加法语新诗选》，巴黎：法国大学出版社，1948 年。这本书附有让－保罗·萨特所写的序言《黑人俄耳浦斯》。

[②] 参见伊雷勒的《黑人主义德时刻》，第 13—20 页。

[③] D. A. 马索洛：《寻求身份的非洲哲学》，布卢明顿：印第安纳大学出版社，1994 年，第 25 页。另见夏普利－惠廷的《黑人主义女性》。

　　勒罗的诗歌既不是原创的也不是高质量的。但是，通过这份宣言，他启动了一个进程，这一进程将超越他的生命，并由其他三位诗人的努力延续下去：艾梅·塞泽尔、莱昂·达马斯和列奥波尔德·塞达·桑戈尔。这三位诗人创办了他们自己的报纸《黑人学生》（1930 年），似乎将非洲人和西印度人汇聚到了一起。同一时期，塞泽尔发表了他的杰作《回到祖国简书》，该作品于 1939 年在一本鲜为人知的杂志《意愿》上发表，"黑人主义"一词经由这个作品首次出现在印刷品上[①]。

"黑人主义"作家的目标是通过写作或表达一种积极或肯定的黑人性来重塑黑人形象。读者可能会注意到在"黑人"（法语词"nègre"）和"黑人主义"（法语词"Négritude"）这两个词中，重音从短重音"è"变成了长重音"é"。正如塞泽尔后来解释的那样："我们采用黑人这个词作为一种挑衅的表达……我们的内心充满了挑衅的意志，我们在'黑人'和'黑人主义'这两个词中找到了强烈的肯定。"[②]三位更年轻的代表人物将这一运动引向了与文化更加相关的方向。二战后，"黑人主义"开始在更广泛的法语黑人知识分子中产生影响——也许是因为他们像法农一样，曾在战争中战斗过并目睹了那些真实发生的种族歧视行为，这些种族歧视行为之前就有——这推动了"黑人主义"接下来的重要阶段的发展，根据伊雷勒的说法，就是：

独立于"三足鼎立"之外的塞内加尔人阿里乌恩·迪奥普

---

① 伊雷勒的《尼格利蒂德时刻》，第 27 页。
② 艾梅·塞泽尔的《关于殖民主义的话语》。另见莫尔在《黑人意识运动的知识基础》中的讨论，第 174—175 页。

在 1947 年与法国文学和学术界最杰出的人士合作创办了评论杂志《非洲之声》。这标志着一个重要阶段。《非洲之声》很快开设了自己的出版部门，并通过出版一系列由黑人作家和其他学者创作的关于非洲文学和黑人文学及相关问题的作品赋予黑人主义运动一个具体的阐述[①]。

接下来的两个重要发展分别是：谢赫·安塔·迪奥普的《国家：黑人与文化》(1954 年)，由《非洲之声》出版，它有力地阐明了埃及文明的黑人性；以及桑戈尔在"黑人与白人差异"这一问题上的激进化立场，他将其作为他的黑人主义的一个起点，试图为非洲艺术寻找形而上学的根源。这些思考的巅峰是桑戈尔的简洁重述，尽管也是对阿瑟·德·戈宾奥著名的种族主义式长篇抨击的批判："情感是黑人的，理性则是希腊人的。"[②]

不幸的是，桑戈尔的论点被误解为主张某种强调本质差异或差别的内在本质或实质的观点。事实上，他对"情感"（"emotion"）一词的用法并不等同于这个词在英语中的用法——例如，当某人被取笑"情绪化"。好像"情感"（"affect"）这个词更贴切，此处的"情感充沛"（"affective"），这类似于说这个人充满激情、投入，总之，"充满生气与活力"（"living"）。因此，桑戈尔将重点放在以运动为导向的活动上，

---

① 伊雷勒的《黑人主义运动》，第 28 页。
② 参见列奥波尔德·塞达·桑戈尔：《自由：第一卷》，巴黎：苏伊尔出版社，1964 年，第 24 页。关于戈比诺的经典、有影响力且声名狼藉的种族主义论调，参见亚瑟·德·戈比诺：《人类各种族间的不平等》(乔治·L. 莫斯序作)，纽约：H. 费尔蒂希出版社，1999 年。这本书最初于 1885 年在巴黎出版。对于这部遗憾地产生了影响力的作品的经典批评，参见约瑟夫-安特南·菲尔曼：《人类各种族的不平等：十九世纪海地学者对欧洲种族主义的反应》(卡罗琳·弗勒尔-洛班作序)，阿塞兰·查里斯，译，纽约：加兰德出版社，2000 年。这本书最初于 1885 年在巴黎出版。这部未被充分研究的经典之作 (在其时代被忽视) 与法农的《黑皮肤，白面具》有许多相似之处。参见戈登的《非裔哲学导论》，第 56–63 页。

例如"节奏"，以阐明他的观点。我们应该记住"运动"（"motion"）和"情感"（"emotion"）之间明显的词源联系。桑戈尔批评一种基于存在静止的形而上学，一种将现实视为固定的、冻结的和静止不动的形而上学。索利曼·巴希尔·迪亚格曾正确地指出，法农和其他许多人的判断所依据的论文《黑人带来了什么》（1939 年）实际上主要是为桑戈尔的非洲艺术理论奠定基础[1]。这解释了为什么他没有提到"希腊人"或"白人"，而是说希腊的（Hellenic），即古典时期，希腊哲学繁荣的时期[2]。桑戈尔认为：表达理性被视为希腊艺术的目标；而情感则被认为是非洲艺术的目标，情感被理解为"富于节奏的态度"、赞美神灵赋予的生活、赞扬与人类同胞共同生活，歌颂自然多产丰饶的馈赠[3]。

　　戈宾奥（Gobineau）对人类各类群体的描述显然是摩尼教式的，它用一种修辞有力的循环逻辑粉饰世界；不过，人们很容易看出，这种描述对许多被异化的黑人具有直接的吸引力，因为他们希望与迫害他们的人在形而上学和物质两个层面上有所不同[4]。简而言之，法农的"位置"已然明了。他带着理性陷入了猫与鼠的游戏中，因为他在追寻一些据说对他的"本性"过敏的东西。他的位置在"情感"世界，一个"情感"、节

---

[1]　这篇论文在桑戈尔的《自由：第一卷》中重新刊印，第 22—38 页。

[2]　为什么是古希腊？后来的希腊人似乎无法对思想产生如此大的影响。正如奥卢费米·塔伊沃在公开演讲中经常提醒听众的那样：如果希腊的土地对于哲学反思而言真的如此肥沃，那为什么近两千年里没有出现伟大的希腊哲学家？或许后来的希腊人不仅无能，而且根本不在乎这个方面。我鼓励那些怀疑后者的人去参观极大可能就是柏拉图的哲学学院的考古遗址。与设置了门票门槛、在考古挖掘和研究上投入巨大的帕特农神庙不同，这个学院遗址仅仅有一份张贴的文件和一些用橄榄核和狗粪覆盖的划定区域。对于无法亲临现场的人，请查看"希腊之门"网站上关于这一学院的页面：http://www.mesogeia.net/athens/places/platonacademy/platonacademy_en.html。

[3]　参见迪亚涅的《作为哲学的非洲艺术》，第 45—96 页。

[4]　循环论证虽然谬误，但在逻辑上是有效的，因为不可能有真实的前提和错误的结论，后者依赖于前者。这就像大卫·休谟例举过的一个著名例子：一座金山是金子。有趣的是，即使每个前提都是错误的，这种方法仍然有效。因此，"圆方形是一个圆方形"这样的论证会有同样的结果。戈比诺的论点属于后一种情况，他的前提和结论都是错误的，但由于它是循环的，这使得他的论点在逻辑上是有效的，尽管它不是真的。

奏、歌曲和舞蹈的世界。在这里，我们找到了诱惑和自恋——这些是法农在第二章讨论亲密关系时涉及的主题——在不同层面的内在性上回归。如果白人性代表外部、客观和理性领域，黑人便是根本的内在和主观的领域，并且在非理性的领域中感到自在。关于黑人所提供的东西，法农引用了桑戈尔的说法：他的种族"分泌物"，他的种族"本质"，正如我们所见，就是节奏（《黑皮肤，白面具》法语版，第98页）。最后，法农想到，他已经找到了一个白人将会失败的领域：非理性的领域。他援引了桑戈尔的话，借鉴了一种音乐主题，该主题时而被这里或那里的拟声，以及丛林 vs. 城市、野蛮 vs. 文明的刻板化形象打断。和预料的一样，在对失败的分析中，法农对黑人的伟大的寻找在一个讽刺的融合时刻陷入了僵局：萨特的"黑人俄耳浦斯"[①]。

　　萨特认为，黑人主义近似于俄耳浦斯的转世神话，俄耳浦斯是一位抒情歌手、音乐家和诗人，他下到冥界拯救他心爱的尤里狄丝，在哄骗哈迪斯后，他被告知，只要他不回头看尤里狄丝就可以带着她回到地面世界。俄耳浦斯并不确定跟随他的是否是尤里狄丝，所以他回头看了，由此失去了她，随后被巴克斯 / 狄奥尼索斯——他是掌管酒、女人之神，也是悲剧之神——的疯狂信徒们撕成了碎片。萨特试图诗意地捕捉黑人主义诗人的"下降"——下降到黑人性中。萨特认为，这在主观上表现出一种反种族主义的种族主义，而客观上，遵循桑戈尔的话，是一种"黑色灵魂"。说它是"种族主义"的，是因为它肯定了黑人于白人的优越性。说它是反种族主义的，则是因为它拒绝白人至上主义和反黑人种族主义。因此，萨特此处谈论了一个重要的辩证运动，或许白人至上主义只有通过展示其劣势才能被否定。然而，萨特也指出，从这种运

---

① 萨特的文章出现在桑戈尔编的《新黑人和马达加斯加人法语诗歌选》的第9-94页。

动中获得的是一种（主观的）革命意识。黑人主义在这一消极时刻中得以显现——下降——黑人随后可以"上升"至一种普遍的、革命的意识，萨特认为这是无产阶级的（客观的）"普遍"斗争，简言之，即马克思主义。

法农跌跌撞撞。他再次遭受信念幻灭，而且这一次还带着沉闷苦涩的失望的滋味。可以说，通过萨特发表的"黑人俄耳浦斯"以及桑戈尔的"黑人主义"提供的扭曲图像，法农知道现实原则仍然是白色的①。

> 当我读到那段（"黑人俄耳浦斯"中讨论普遍主义）话时，我觉得自己被剥夺了最后的机会。我对我的朋友们说道："更年轻一代的黑人诗人们刚刚遭受了一记永远无法被原谅的打击。"他们曾经寻求过有色人种朋友的帮助，而这位朋友却没有找到比指出他们所做的事情的相对性更好的回应。这位天生的黑格尔主义者这一次忘记了意识不得不在绝对的黑暗中迷失自我，这是达到自我意识的唯一条件。与理性主义相对立，他唤起了消极的一面，但他忘记了这种否定性的价值来源于一种几乎实质化的绝对性。致力于经验的意识是无知的，必须是无知的，无知于自己存在的本质和种种限定。（《黑皮肤，白面具》法语版，第 108 页）

法农觉得自己被剥夺了"最后的机会"，与此同时，他指责萨特的理性主义冲动，这种理性主义冲动违反了一个必要的、具有讽刺意味的柏

---

① 雷兰德·拉巴卡在《各种形式的法农主义》（雷兰德·拉巴卡：《各种形式的法农主义》，兰汉姆：列克星敦书局，2010 年）一书的第 72—88 页中正确地称这种混合物为"萨特式黑人主义"。

拉图式的谎言。反思是黑人的丧钟；他正试图摆脱的就是反思。法农暗示，萨特本应鼓励他的自我欺骗、他对理想镜像的自恋式追求，哪怕只是为了举例证明萨特的论点：在黑人的充满活力的胸膛中最大限度的延长反种族主义、反殖民斗争的消极时刻。这必须是黑人的时刻，他的抵抗，他的奋起。

> 我的黑人意识不认为它自己是一种缺乏。它是它自己的跟随者……可以确定的是，在我试图理解自己的存在的那一刻，萨特——仍然是他者……提醒我，我的黑人性只是一个次要的术语。实事求是地说，我告诉你，我的肩膀从世界的框架中滑了出来，我的脚再也不能感受到大地的触摸。没有黑人之路，没有黑人的未来，我无法活出我的黑人性。既不是白人，也不再是黑人，我被诅咒了。让－保罗·萨特忘记了黑人在身体上所受的痛苦与白人截然不同。（《黑皮肤，白面具》法语版，第111—112页）

尽管经历了不同的苦难，尽管因为已经降落了，无处可以再降落，但现实原则还是以令人眩晕的力量回归了。无论如何，为什么象征主义不能表达一下黑人的理性呢？为什么桑戈尔（被误解的）象征等级制度最终成为了对白人建构的肯定，而他在这一点上已经花了二十五年的时间与之斗争？

> ……这个寻求普遍的黑人。他正在寻找普遍！然而，在1950年6月，巴黎的酒店拒绝租房给黑人朝圣者。为什么？纯粹只是因为他们的盎格鲁－撒克逊顾客（他们富有，而且众所

周知，他们憎恨黑人）威胁要搬走。（《黑皮肤，白面具》法语版，第 150 页）

在这一点上，萨特似乎是不可原谅的。萨特没有理解的是，他实际上是在倡导黑人性通过最终被吸收进白人性的光芒中而走向死亡。这种对种族主义社会的期望是法农一生中都保持着清醒意识的一个现象。他早期创作的戏剧和后来的著述都揭示了白人性与死亡之间的稳固的联系。可以想象，在他与白人的许多对抗甚至亲密关系中，他的潜意识中正在发生的事情。他的兄弟乔比曾提及，弗朗兹确信自己会早逝，并决心通过直面死亡来克服他对死亡的恐惧。因此，他拒绝在白人世界中徘徊，这也可以被视为他与死亡继续斗争的一个方面。例如，他在写作戏剧《平行的手》至关重要的最后两行时遇到了创作瓶颈，他对白人世界的拒绝不言自明："不再看到沉默的白人性 / 不再看到死亡"[1]。黑人诗人们向伟大的白人作者寻求生命，收到的礼物却是死亡。

最终，法农将萨特的忠告至多比作让黑人接受自己的状况的建议，这个建议就如同让一个跛子接受自己的跛脚。法农的抗议如下：

> 一个在太平洋战争中致残的跛子告诉我的兄弟："适应你的肤色，就像我适应我的残肢一样；我们都是不幸的受害者。"
>
> 然而，我全身上下都拒绝截肢。我感到我的灵魂像世界一样广阔，它就像深不见底的河流一样深邃，我的胸膛有着无限扩展的力量。我奉献了自己，却被建议接受跛子的谦卑……昨

---

[1] 参见乔比·法农：《弗朗兹·法农，我的兄弟：医生、剧作家、革命家》，丹尼尔·内瑟伊，译，兰汉姆：列克星敦书局，2014 年，第 12 章。这些诗节出现在第 61 页。

天，我睁开眼睛看着世界，一边看着天空，另一边却感到厌恶。

我试图站起来，但沉默将我肢解并淹没了我，我的翅膀瘫痪了。

（《黑皮肤，白面具》法语版，第113—114页）

法农是对的：当缺失的肢体的相关物、纠缠身体的幽灵是一个人的人性时，这个人如何能接受这样的缺失呢？似乎无处可去，法农结束了他的第五章《黑人的亲身经验》，他讽刺性地撞上了他自恋的渴望之墙，由于他从萨特——一个白人（从精神分析学上讲，至少在黑人看来，便是死亡）——那里寻求救赎之言，这种境遇把他推入他所批评的卡佩西亚、让·韦诺斯等人之列。因此，他迷失了，"没有肩负责任，跨坐于虚无与无限之间"；他承认，经由这一自白和忏悔，自己不由得开始哭泣。

法农以承认自己哭泣来结束这一章，这件事在批评文献中没有得到太多关注。回想一下他提到过的愉快或笑声。这些能让他应对自己的处境，继续前行。幽默在受压迫的社群中的重要作用是众所周知的。社群中不仅有嘲笑压迫者的幽默，还有自嘲的幽默，后者在自嘲者与他们的处境之间制造矛盾的距离和与亲近感。一个朋友向我讲述了他从一个二战犹太人集中营幸存者那里听来的笑话。一个德国军官曾对一群囚犯大声喊道："喂——你们所有人——从那根扫帚后面出来！"在许多黑人社区中，出现了这样的"打响指"说大话或者"打嘴仗"的例子："你爸爸这么黑，以至于当他摔倒时，人们因为害怕掉进黑暗而选择从他身上跳过"。有自嘲的奴隶幽默；吉普赛幽默；犹太幽默——正如我们所见到的那样，甚至是在集中营中；各种各样的移民幽默；以及仍继续存在着的自嘲的黑人幽默。在这些社区中，幽默不仅是谚语的复杂的竞争对手，也是智慧的竞争对手，它们提供了距离。过于亲近的危险在于过于严肃而无法生存下来。幽默是帮助人们克服在处境中瘫痪的解药。

法农的文本充满了这种幽默，他讽刺地嘲弄黑人在这种神正论斗争中的悲喜挣扎。但是，幽默也有其自身的局限性。能够自嘲，需要付出很大的代价，付出的代价过度则可能导致病态。争取解放、争取人性化的斗争因此在结构上类似于治疗。例如，患者在讲述他们自己的故事时可能会笑自己的处境，但这种笑声是为了让他们继续前行，尽管通常没有真正的对抗发生，这是一种表面亲近实则导致距离的实践，咧嘴笑、大笑也意味着"为了获得安慰，亲近过度了"。治疗中的"突破"通常伴随着眼泪、宣泄。法农哭了，因为他意识到每一次逃避真相的努力都失败了。正是通过这样的宣泄，他之后才能面对他的处境所带来的影响，无论是何种形式的。这就是为什么接下来的一章的标题为《黑人与心理病理学》。他现在能够面对自己的处境的心理病理学意义。这不是他与萨特相遇后在黑人主义、主观能动性和死亡等问题上交谈的最后一句话语。正如我们将看到的，面对现实有时会带来意想不到的惊喜。

在非存在地域的后面

"寻求认可"是《黑皮肤，白面具》的倒数第二章的重点，倒数第二章沿袭了它的诸类前身所采用的路径。它在两个方面失败了——阿德勒心理学和黑格尔的认可辩证法。阿德勒的方法是由于"白人"的上层建筑力量而失败，有色人种在白人性支配之下只能在他们自己之间找到平等。正如我们在讨论卡佩西亚和马朗时所看到的，殖民和种族主义的背景制造了一种制度：黑人男性和黑人女性处于从属地位，白人女性在黑人争取合法性的斗争中充当一个中介。法农从在殖民背景下批评精神分析转向黑格尔在《精神现象学》中借由对主体所作的经典且富于启发性的讨论而提出的潜在的哲学条件，黑格尔从一个假设的主人和奴隶之间为争取认可所作的斗争出发来进行阐述①。首先，我将使用男性语言，因为这是黑格尔的表述方式。黑格尔认为，人类凭借他随心所欲地处置自然的能力将自己与自然区分开来。当他遇到另一个人时，由于另一个人也打算对他做同样的事情，这件事就受到了限制。于是，发生了一场斗争，在这场斗争中，由于对死亡的恐惧，其中一方屈服了，并被迫为胜利者服务，以此来保住他的生命，而胜利者则通过这种认可成为他的主人。从主人的角度来看，男性或女性奴隶的屈服使他或她变得更不像人了，更像是自然界的其他生物（现在增加女性限定是有意义的，因为增加了自然环境限定。）。仆人（男性或女性）或奴隶通过与自然协作来服务主人，这使他或她重新意识到自己与自然的不同，他或她有能力照顾自己和主人。相比之下，主子变得懒惰并且依赖于奴隶，因为他被认可是主人②。

　　法农没有在他的《黑皮肤，白面具》中提及黑格尔在《法哲学原理》中讨论的内容，在《法哲学原理》这部作品中出现了一个消除控制，实现平等、自由和相互认可的时代③。这是否应该被乐观地解读为，即使在黑人被奴役的悲惨历史中，一个相互认可的时代也得以允诺和诞生？

---

① 参见 G. W. F. 黑格尔：《精神现象学》，A. V. 米勒，译，牛津：牛津大学出版社，1979。这部作品对于现代关于奴役与自由的研究的重要性不言而喻。作为思考者之一，弗朗兹·法农对它的关注是必不可少的。参见保罗·吉尔罗伊：《黑色大西洋：现代性和双重意识》，剑桥：哈佛大学出版社，1993 年；戈登的《非裔哲学导论》，《法农与欧洲人的危机》，尤其是第二章；以及巴克－莫尔斯的《黑格尔、海地和世界历史》。

② 此处，女性主人角色是一个复杂的问题，因为她通常与男性主人同在一个等级制度中扮演角色，而男性主人是这个主人权力制度中的一部分，法农没有讨论这个方面，而弗雷德里克·道格拉斯却在思考他的主人的妻子对他的虐待的时候讨论。参见弗雷德里克·道格拉斯的著作《我的束缚，我的自由》以及阿卜杜勒·贾纳穆罕默德在《被死亡束缚的主体：理查德·赖特的死亡考古学》（北卡罗来纳州，达勒姆：杜克大学出版社，2005 年）中的探讨，尤其是涉及黑格尔的那些讨论。

③ G. W. F. 黑格尔：《哲学法权》，T. M. 诺克斯，译，牛津：克拉伦登出版社，1967 年。相关讨论参见拉巴卡的《各种形式的法农主义》；奈杰尔·吉布森：《法农：后殖民主义的想象》，剑桥：政治出版社，2003 年；阿托·塞基－奥攸：《法农的经验辩证法》，马萨诸塞州，剑桥：哈佛大学出版社，1996 年；卢·特纳：《论黑格尔与法农主人与奴役逻辑论证之间的差异》，《法农：批判性读本》，路易斯·R. 戈登、T. 德尼安·夏普利－惠廷和雷内·T. 怀特，译，牛津：布莱克韦尔出版社，2006 年，第 134—151 页。

法农并不这么认为。这是因为无论是黑格尔笔下的主人还是建构的白人，都不希望从黑人那里获得认可。这就是性别层面上出现分歧的地方，因为在婚姻等承诺中，许多异性恋男性希望从女性那里得到各种各样的认可，但是，建构的白人想从黑人那里获得的不是认可，而是劳动和身体，正如我们在黑人被遮蔽的许多事件中看到的，黑人没有观点 [1]。他们不是要从一个人那里得到劳动，而是要从一个物品那里得到服务。

此处，我们看到了为什么基于自我－他者关系对黑人所处现状所作的理论阐述失败了。实际上，这些阐述预设了"他者性"的精巧对称。由于种族主义拒绝赋予他者自我属性，甚至是另一个自我的属性——换句话说，甚至是作为一个他者的存在的属性——由此产生的模式是一种"在……之下的"定位模式，这个他者身处非存在领域之中。这便是白人－黑人关系的现实，因此，黑人在努力从非存在地域挣脱出来时，实际上是在挣扎着实现他者性（进入自我－他者关系）。这是一场斗争，事实上是为了让伦理关系显现并为其争取一个位置，因为伦理和道德，恰当地说，是人与人之间的关系，或者是对在人类世界中生活提出的要求。因此，这种情况尤其充满了政治现实，包括政治力图影响人类在人类关系中显现的条件。法农以政治和存在主义的方式为《黑皮肤，白面具》书写了结尾。在政治上，他想象着，就像波伏娃在《第二性》的结语处所做的那样，社会最终成为众所周知的马丁·路德·金的"亲爱的社会"，在那里每个人都携手歌颂平等，并且唱着"终于自由了！"但是，与波伏娃不同的是，他走过了一条截然不同的、曲折的道路，这条路上充满了宏大和激烈的斗争。

失败的寓意是系统性的：人类差异的现代制度是这样的，它本身并

---

[1]　对没有观点的身体的需求的讨论，参见戈登的《不诚实与反黑人种族主义》，第 14—16 章。

法农说了什么

不具有人类救赎的资源。必须攻击这个系统，这是一种革命号召；号召
战斗、对抗压迫、对抗去人性化。在这场斗争中，法农呼吁，我们需要
一种教育学从而通过身体的召唤和示意所发出的震颤来构建（"去建立"，
"去建造"）一个质询的人性。

　　用他的话表述如下：

　　　　我的自由难道不是为了建造你的世界而被赋予我的吗？"

　　　　在这本书的结尾，我们希望每个人就像我们一样，都能感
　　　　受到意识的开放维度。

　　　　我最后的祈祷：

　　　　噢，我的身体，让我永远做一个质询的人！

　　此处，最后的话带有反讽意味，它反对最终话语。法农将分析方向
转向第二人称正式体，转向最适合被称为"你"的直接读者。注意他
使用了个人化的"你"而不是正式的"您"。在存在主义思想中，这个
"你"是人们熟悉的，它是马丁·布伯未受中介调节的世界中的"你"，
在那里，我和你没有为"它"的表述留空间[1]。当我和你说话时，我是以
你的人性的角度和你说话。正如我们所说，这是个人的和亲密的。这样
的认可面对的是"所有意识的开放维度"，面对的是另一个完全没有被种
种假设和推定过度决定的人。这样的接触导致新的具体表现。从愤怒到
忧虑，到笑声，再到眼泪，法农留给我们的是一段祈祷。而具有讽刺意
味的是，这段祈祷不指向外部力量，不是指向神，而是指向具体化的自

---

[1]　参见马丁·布伯：《我和你》，罗纳德·格雷戈尔·史密斯，译，纽约：斯克里布纳家族出版社、科利尔
图书出版社，1958年。这些在未来可能性中重现的苦难和救赎主题是他在《世界上的受诅咒之人》中回归的
主题。

我（个体对自己身体的认知和体验）的焦虑。他的身体被召唤去释放自己，将自己从社会病症之网的缠绕中解脱出来，来到最适合成熟、自由的意识的表达这里——质询的具体化。

评价法农的首部作品

那么，当时二十六岁的法农在《黑皮肤，白面具》中取得了哪些成就呢？

在这部一百八十八页的作品（法语版）中，法农在几个思想领域都做出了重要贡献。这部作品质疑了任何单一科学对人类研究的可行性，并且通过审视人类失败提出了彻底的批评。在经典心理分析学中，神经官能症和精神错乱作为目标受阻的活动出现，这些活动根植于潜意识和无意识生活中。在经典心理分析学中，失败是没有实现或者似乎无法实现某人的目标。但是，失败本身并不完全是心理分析的。一个人可能在没有患神经官能症或精神错乱的情况下经历失败。心理分析是通过一个人对失败作出的反应或者一个人在失败的构成中发挥的作用而显现。当一个人是自己的失败的源头时，经典心理分析学才发挥作用。符号学精神分析移动至结构性失败的水平，但它关注的是意义层面。焦点不是失败，而是"缺乏"或者"差异"。一个人所缺乏的——或者一个人作为"缺乏"或"差异"的社会意义——为认知一个人的失败提供了线索，在这种情况下，失败是缺乏自己想要的东西。但同样地，此处，失败并不一定是精神分析的。一个人也可能经历失败，这一失败可能象征着"缺乏"，但是，他失败了并不一定就意味着他是失败的源头。因此，精神分析是受到法农的批评限制的一套人类科学，但它之所以矛盾地受到限制，是因为它的失败被作为一种失败哲学，也就是说，如果它成功了，它便失败了，如果它失败了，至少法农成功了。

　　失败元理论所引发的悖论提出了这个问题：我们能够用来分析结构性失败的前提和条件有哪些？正如我们所看到的，该领域在形式上是神义论的。法农的观点是，在失败出现的任何地方，黑人皆遭遇到自己被视为失败源头的情形。因此，他实际上已经使精神分析的时刻变得复杂了。正如我们所见，在大多数精神分析语境中，性别差异是最基本的。法农已经展示了一种种族表皮模式，这种模式以它的运作方式消解了性别差异，就像我们在法农对卡佩西亚和让·韦诺斯的讨论中看到的那样。精神分析学的小资产阶级根源因此在法农这里找到了它们在推进殖民模式进程中的相对维度，符号性的东西屈服于现实日益逼近的物质性。此外，法农通过对反黑人世界中的象征秩序作存在主义批判，进一步复杂化了失败分析。通过指出黑人性的严肃性和重要性，法农指出了黑人恐惧症的世界中的物质性，在那个世界，黑人被视为纯粹的表面，被简化为外在性，一个东西。换言之，黑人被视作一个没有内在、没有内心生活或没有观点的事物。实际上，在那样的世界里，象征秩序没有移动，这使得黑人性在现实层面不断运行。所以，法农引入了经验和制度抵抗的重要性。最终，人对抗的是种族主义和殖民主义，这些是向外指向的活动，而非内在的反思；简而言之，他的建议是行动性的。

　　因此，《黑皮肤，白面具》就像但丁《神曲》中的地狱篇一样，它在见证了似乎无止无尽的、徒劳无益的罪恶行为之后，以一种美丽的上升结束。尽管这部作品探讨的主题是失败，但是毫无疑问，它是一个充满希望的文本 ①。它对悲观主义的述行反驳就是作品本身。最后，法农批

---

① 参见索伦·克尔凯郭尔：《恐惧、颤栗及重复》，霍华德·V. 洪、艾德娜·H. 洪，译，普林斯顿：普林斯顿大学出版社，1983 年。该书附有导言和注释。

判了合理性崩裂为西方或白人合理性。这部作品其文本本身——就是一次与读者进行理性对话的努力——是对反理性主义的判决，虽然它并不完全支持理性主义。毕竟，过度的理性主义即是非理性。这同样是不合理的。

　　这部作品在其他领域所做出的贡献也是显著的。它对失败的分析充满了矛盾。正如我们所见到的，法农审视的不仅是失败，还有失败的失败。他的作品事实上与克尔凯郭尔提出的存在悖论这一概念相似[①]。存在悖论是指成就需要失败，逃离痛苦也是痛苦，或者如我们在萨特的《存在与虚无》中所见到的，诚实讽刺性地也是一种不诚实[②]。与克尔凯郭尔、尼采和萨特一样，法农的作品也提出了关于写作的问题。存在主义者采用的写作形式挑战了最初似乎限制他们的那些写作形式。《黑皮肤，白面具》的写作方式不是那种让人们能够轻易识别出其作品类型的写作方式。作品讨论了心理学，但却不是以标准心理学著作的形式写就。它充满了哲学引用，但却不是以标准哲学著作的形式完成。法农分析了一些流行的文学文本，并引用了几个经典的文本，但由于同时也涉及了其他学科，因此将这部作品视为纯粹文学来阅读极具挑战。

　　有人可能会认为，这也是一项现象学研究，那这个人还得补充说，存在主义的含义会使它成为一部存在主义现象学著作，它之所以如此是因为，它始于对假定方法的彻底拒绝，而矛盾的是，这种方法正是它的方法。这种彻底拒绝对文本中的暂时性的作用产生了影响。切斯特·丰特诺特曾评论说：

---

① 参见让－保罗·萨特：《存在与虚无：一篇论本体论的现象学论文》，海泽尔·巴恩斯，译并作导言，纽约：华盛顿广场出版社，1956 年，第 113 页。详细讨论可参见戈登《不诚实与反黑人种族主义》中的第一部分以及路易斯·R.戈登：《学科的衰落：艰难时代的鲜活思想》，科罗拉多州博尔德：典范出版社，2006 年，导言。
② 小切斯特·丰特诺特：《弗朗兹·法农：革命家》，《第一世界》，1979 年第 2 卷第 3 期，第 25 页、27 页。

事实上，法农对存在的坚持，在某种程度上是对一种反历史的恒常存在的坚持，这赋予了他的作品一种美学特质……（法农）在存在中构建他的神话，并且只在过去为他提供了从消极地域向积极地域转移的基础时才关注过去——消极地域以隐喻性的倾向认同欧洲文化，被欧洲文化同化，而积极地域则以转喻性的渴望向着独特性和差异化前行[1]。

现象学家会立即将这些运动视为"非现实化"的例子，这是现象学术语，指的是现象学家在搁置了他对于世界存在的某些本体论承诺或观点之后所讨论的现实[2]。这里所使用的"现在"是我们可以随时返回以继续我们的探究的现在。它是思考、探究和反思的现在。同时，也要注意丰特诺特对经由这种方法所显现的美学特质的认同。莫里斯·纳坦森在他关于现象学与文学的著作中已经论述了这种美学特质，他认为，文学中的哲学反思是现象学的[3]。尽管如此，法农的现象学与一些主要支持者所支持的现象学还是存在着较大差异的。与伟大的德国现象学家埃德蒙德·胡塞尔——他被大多数评论家，包括大多数当代哲学家、社会科学家、文学理论家在内，视为"现象学之父"；胡塞尔的彻底内转导致了一个引起争论的"先验自我"——不同，法农的彻底内转导致了生活经验和象征秩序的崩溃。法农在方法论上与胡塞尔（通过萨特和梅洛－庞蒂）

---

[1] 更为人们熟悉的现象学语言是为自然态度或自然主义加上括弧，正如德赛所表述的："法农确实依赖于与那些摆脱了自然主义偏见、并且通过探索经验、意义、具身、暂时性等方面来回应人类对问题探讨的要求。这种非自然主义的方法论转变使法农与源自迪尔泰和胡塞尔的传统相一致，迪尔泰和胡塞尔均对自然主义与心理生活的关系进行了批评"，《心理学、心理层面以及批判实践》，第65页。

[2] 参见莫里斯·纳坦森：《情欲之鸟：文学中的现象学》（朱迪思·巴特勒作序），普林斯顿：普林斯顿大学出版社，1998年。

[3] 有关的详细阐述，请参阅戈登的《法农与欧洲人的危机》、艾哈迈德的《怪异现象学》、本图哈米的《身体的掌控》以及德赛的《心理学、心理层面，以及批判实践》。

以及伟大的精神病学家和存在主义现象学哲学家卡尔·雅斯珀斯同行，但是他们最终走向了不同的领域。因此，法农的现象学就是法农式的现象学。他在符号与象征的层面上提出了彻底的批评，他甚至对他使用的调查中的符号和象征的方式也提出了批评[①]。

实际上，随着《黑皮肤，白面具》的出现，一种新型文本诞生了。这是一种写作方式，具有讽刺意味的是，尽管法农对加勒比海地区的现实进行了尖锐的嘲讽，但它的的确确有着加勒比海特色。简·安娜·戈登将它称为克里奥尔化的写作风格。在这种写作风格中，作家在不预设学科、语言或风格的情况下探究问题，这种风格出现了。

　　恰恰是在破坏和丧失的语境中产生的，在这种语境下，连续性被打断，人们必须运用剩下来的东西继续前进。如果我们探究象征生活和学科形成的方法是，以近乎完美的复制来尽可能全面地保持其各种元素的活力，那么克里奥尔化的写作风格除了挑战一切形式的保守主义外，将不会提供任何东西：任何事物要保持有意义，它就必须在每一代人和每一个新的环境中

[①] 由于篇幅限制，我在这里无法展开这个论点。感兴趣的读者可以查阅《C. L. R. 詹姆斯杂志》中关于加勒比海思想家如何写作的许多讨论。特别是自 2001 年以来的多期内容，参见威尔逊·哈里斯、爱德华·格利桑、西尔维亚·温特、C. L. R. 詹姆斯、法农，等等。

不断地找到新的定位、不断地改变①。

这种写作挑战了理论与实践的纯粹性，由于不同的，甚至是对立的写作元素为了现实而被汇集在一起；正如我在讨论方法论崇拜和学科衰落的著作中主张的，这是一种愿意超越自身局限以获得新理解的意愿，同时它也可能被悖论式地描述为超越写作本身的写作，从而唤起所谓的"思想的底面"②。尽管一些加勒比海的思想家可能不认为自己受到法农了的影响，然而，讽刺的是，那些决定协商诗意与历史性之间分界的人所形成的写作风格就是这样，它仍在法农的身影之中。

---

① 简·安娜·戈登：《克里奥尔化政治理论：通过法农阅读卢梭》，纽约：福特汉姆大学出版社，2014年，第16页，第5-7页。戈登在书中展示了克里奥尔化是一种独特的混合形式，与多元文化主义、混杂性和跨学科性并不完全相同。另见迈克尔·莫纳汉：《克里奥尔化的主体：种族、理性与纯粹政治学》，纽约：福特汉姆大学出版社，2011年。该书借鉴加勒比海思想资源，对纯粹政治学进行了批判。然而，一些读者可能会怀疑 W. E. B. 杜波依斯的《黑人的灵魂：散文与随笔》（芝加哥：A. C. 麦克卢尔出版社，1903年）。该书融合了灵歌、乐谱小节，并且借鉴了不同学科和体裁的资源，这是否会低估了法农文本的独特性。杜波依斯使用灵歌、乐谱、抒情形式、散文，并整合了来自于多个学科和社群的思想，这无疑符合克里奥尔化的标准，而且《黑人的灵魂》也是一部特殊的文本，创造了讨论种族的写作的整类体裁，法农的作品似乎是其后裔；然而，杜波依斯的存在主义基调虽然富有诗意，却是温和严肃的。法农的作品在很多时候却是残酷的，而且是有意为之。他在战斗，杜波依斯也在战斗，随着年龄的增长，法农的立场甚至更加坚定，两位作者都以一种可以被称之为布鲁斯的写作形式（参见我在下一章对布鲁斯的讨论），但是，对幽默的使用和元文本批评的规模——作者与他自己的文本之间的不寻常关系所形成的张力——是区分法农作品与以往类似作品的独特之处。在这里，人们甚至可以想到欧洲存在主义者，例如索伦·克尔凯郭尔，他使用了他所谓的"间接"技巧；还有弗里德里希·尼采，他声称自己一直在打破偶像，他们的思想和方法也出现在《黑皮肤，白面具》中，但是，失败的是那种讽刺关系，作者与作品中的人物之间的紧张关系，以及他们在政治上甚至在思想上所体现的东西，使法农的作品独树一帜。
② 参见戈登的《学科的衰落》。

第四章　革命疗法

　　《黑皮肤，白面具》并非法农完成他的博士学业后立即出版的唯一作品。当他还是一名医学专业的学生时，他撰写的《北非综合症》便发表在1952年2月号的《精神》杂志上，这篇文章体现了法农在法医学和临床精神病学方面的专业知识的非凡融合。这篇文章是一项调查，法农通过它揭示了现在已为人熟知的法农式主题：

　　　　人们常说，人类在不停地自我质疑，如果他假装不再这样做，那么他就是在否定自己。然而，要描述一切人类问题的一个基本维度，这应该是可能的。更准确地说：所有就人的主体所提出的问题都可以归结为以下这个问题：
　　　　"我是否因为我的行动或不作为，引致了人类现实的贬值？"
　　　　这个问题也可以这样表述：
　　　　"我是否在所有的情况下都要求得到并唤起在我内心深处的这个人？"（《为了非洲革命：政治文集》，以下简称《为了非洲革命》，第9页）

　　此处，研究的人类主体指的是法国的北非移民，调查的对象是折磨他们的一种诡秘的疾病。法农认为，他的学术同仁们没有考虑这种所谓的诡秘疾病的社会生成因素，这导致他们怀疑该疾病的真实性①。然而，这种怀疑由于一种"先验态度"而加剧，这种态度是非经验性的，建立在欧洲对北非人的一整套殖民建构基础之上。医生和患者之间形成了一种关系，在这种关系中，"患者出了问题——一个难顺服的、不守纪律的患者，这个患者忽视了游戏规则"（《为了非洲革命》，第14页）。当这样的病人被送去专家那里时，他便被诊断为患有所谓的"北非综合症"。于是，关于异化的具身化的主题又重现了：

> 北非综合症。今天，寻求会诊的北非人背负着他的所有同胞的沉重负担，包括所有那些有症状的人，以及那些据说是令"你无法大展拳脚"的人（意思是：没有损伤或病变）。但是，患者就在这里，在我面前，这副身体，我被迫假设它被一种意识所扫荡，这副身体不完全是一副身体，或者它至少是一副双重身体，因为它害怕——这副身体要求我倾听它而不是过度关注它——它让我感到厌恶。（《为了非洲革命》，第14页）

医生有一个选择，即将这种"综合症"作为一种心身疾病，甚至把它当作一种癔想症来探索。法农审视了 E. 斯特恩医生在其文章《心身医学》中提出的建议②。此处，法农曾撰文讨论过西方关于科学普遍范围的种种假设所存在的局限性，这为他在《黑皮肤，白面具》中的讨论开辟

---

① 关于这段不幸的、残酷的历史，可参见让 - 米歇尔·贝格：《法国精神病学在阿尔及利亚（1830—1962）：从殖民到跨文化》，《精神病史》，1996 年第 7 卷第 28 期，第 533-548 页。
② E. 斯特恩：《心身医学》，《心理》，1949 年 1—2 月，第 129 页。这篇文章基于著名的精神病学医生和精神分析学家海因里希·孟格的思想。关于孟格的生平和思想概要，参见阿道夫·弗里德夫：《海因里希·孟格：精神分析学与心理健康》，《精神分析学先驱》，弗朗兹·亚历山大、塞缪尔·艾森斯坦、马丁·格罗特扬，译，新不伦瑞克：交易出版社，1995 年，第 333-341 页。另见马齐·艾伦：《良知的宣言：弗朗兹·法农的〈北非综合征〉》，《人类建筑：自我认知社会学杂志》，2007 年第 5 卷第 3、4 期，第 83-88 页。

了路径，而且重申了他在博士论文中表达的人文主义观点。斯特恩的每一项建议都忽略了这样一个现实——理论上的患者面对着一个人性受到质疑的、有血有肉的存在——的意义、内容和影响。当医生只知道如何"感知"而不是"理解"这样的患者时，患者"与他的同伴们的关系"会被如何审视呢？在一个实行剥削的世界里，患者的"职业和关注"很难得以确定，因为他忙于寻求职业，即寻找工作。对于一个被过度决定为纯粹外在的存在，他的"内在的紧张"是什么？"你不如说一块石头的内在紧张"（《为了北非革命》，第18页）。那他"安全或不安全"呢？法农提出了一个排他的析取：去掉第一个术语，我们将看到条件是引起幽闭恐惧症的不安全。随着法农讨论的深入，"试图生活在一个妨碍人的人性的社会中意味着什么"这一问题的结论显现了出来：死亡。北非综合症与一种活生生的死亡有关：

> 没有家庭，没有爱，没有人与人之间的关系，与社区没有交流，他与自己的第一次相遇将以一种神经官能症的形式发生，这是一种病态的异常模式；他将感到空虚，没有生气，他在身体上与死亡斗争，在死亡这一边已然死亡，是生命中的死亡，还有什么比这个有着强壮肌肉的男人用他沙哑不堪的嗓音告诉我们"医生，我快要死了"更可悲的呢？（《为了北非革命》，第18页）

当这个饱受困扰的人的家园已经成为一块殖民地，他的生活方式被各种各样的殖民从属关系所破坏，他的身体也因此留下了创伤，而且他现在在宣布他为国民的那些帝国的中心已经发现了这些关系，他应该去往哪里呢？法农在这种情况下给医生的建议是什么呢？回想一下他在

《黑皮肤，白面具》中对他的理想主义的评论——那些在这种情况下未能尽力塑造人类关系的人便是"渣滓"。法农在论文最后一段以个人声音询问医生，"如果你不要求这个人，如果你不牺牲在你内心深处的这个人，以便使在世间的这个人不仅仅是一副身体，不仅仅是某一个有姓名的人，那么我还需要通过何种巧妙的戏法才能确定信你也同样值得我的爱?"①（《为了北非革命》，第21页）。

因此，法农着手寻找培养这种爱的方法。在完成了《黑皮肤，白面具》的修订并返回马提尼克岛后，他在那里从事了几个月的普通医学和法医工作，之后法农决定不再继续在那里行医了。根据胡赛因·阿卜迪拉希·布尔汉的说法，法农很快意识到：

> 马提尼克人面对的根本问题是政治和经济问题。来找他问诊的大多数患者所患的疾病，其主要原因是营养不良、卫生条件差和社会公共卫生管理不善。而进行根本性改革的可能性微乎其微。法国的统治早已渗透到了马提尼克生活的方方面面。经济、文化和心理都已被深深地渗透了。贝克斯人——富有的白人贵族阶层一如既往地强大和怀着敌意②。

结构性差异甚至使他在法医工作中也面临挑战，正如克雷芒·姆博姆所述的这一事件所证明的那样：

---

① 法农在这里使用了人们熟悉的、亲昵的"tu"和"toi"，而不是正式的"vous"，以此通过贬低来强调他谴责的对象。
② 胡赛因·阿卜迪拉希·布尔汗：《弗朗兹·法农与压迫心理学》，纽约：普列纳姆出版社，1985年，第208页。

当（法农）返回马提尼克岛只作短暂时，他进行了尸体解剖。在挖掘出一名三个月前去世的妇女的遗体后，他发现那名负责此案的腐败医生伪造了她的死亡证明，隐瞒了她丈夫将她殴打致死的事实①。

苛刻的将法农的生平和思想解读为对暴力的颂扬（我后面将继续讨论），这些解读是对法农的曲解，忽略了他在参与武装斗争之前作为一位法医和临床精神病学家所经历的一切。如果细致解读他的这一生活阶段，你会发现这其中不仅涉及被殖民的人类主体的生活中持续发生的暴力，还包括许多需要反思的其他层面，正如他这次与家庭暴力的交锋以及他在揭露包庇家庭暴力的行为时发挥的作用所证明的那样。对抗这些类型的滥用行为需要一个致力于建立契合公民需求和尊严的机制的社会。艾丽丝·切尔基对法农短暂返回马提尼克岛时发生的这一事件的总结侧重于讨论这位年轻医生认识到他的故土在许多方面皆受到了限制：

这次经历令人失望，他……（抱怨）了他在那里发现的思想闭塞僵化以及意识缺乏……马提尼克大体上默认了塞泽尔主张的"地方主义"立场……（法农）将他的经历总结为一次"遇到了更多裤子而非人"②的经历③。

不过，帕特里克·艾伦提出了另一种的解释。法农已经改变了。他

---

① 克雷芒·姆博姆：《弗朗兹·法农》，《1945 年以来的多元文化作家：一本 A-Z 指南》，阿尔巴·德拉·法齐亚·阿莫亚、贝蒂娜·利博维茨·克纳普，译，韦斯特波特：格林伍德出版社，2004 年，第 212 页。
② 大意指遇到了更多的揣走钱财之人（指谋取不义之财之人），而非正直、正义之人。译者注。
③ 艾丽斯·切尔基：《弗朗兹·法农：肖像》（简称《肖像》），纳迪亚·贝纳比德，译，伊萨卡：康奈尔大学出版社，2006 年，第 19-20 页。

法农说了什么

变成了他在《黑皮肤，白面具》中批评的那种返回马提尼克的人，而塞泽尔这个高大的形象几乎没有给他留下任何空间，因此，法农除了变得渺小之外别无选择：

> 他曾以为是家的这座岛屿，在他离开的这段时间，变得对他来说更加的陌生和生疏。事实上，他的旧城和他旧日的伙伴们并没有太大变化；改变了的是他，而且变化很大……即使是一次愉快的散步……也加深了他的变化，他已经跟以前截然不同了。他曾说过一句令人遗憾的话，"在法国时，我并不走运，没有看到骑警"，当他转身走开时，只引来了窃笑……就他目前的状况，要推进能够影响（马提尼克的）问题的广泛的社会变革会非常困难。此外，马提尼克岛上所有的这种角色——岛上的知识分子的角色……已经被一个名为塞泽尔的巨大身影所占据，法农现在需要从他的影子中撤出来。马提尼克已经成为塞泽尔的领域，虽然法农仍非常尊重塞泽尔，但他需要走出自己的道路，并且需要在自己的领域中深耕。
>
> 那年夏天，他关闭了他在沃克兰的办公室，向他的母亲和兄弟姐妹告别，然后登上了返回法国的船。此后，他再也没有回到过马提尼克岛[①]。

我找不到理由怀疑他决定离开马提尼克的这些说法的真实性。
1951 年 11 月，法农回到法国，成为圣阿尔班医院的一名住院医生。

[①] 帕特里克·艾伦：《弗朗兹·法农：一部精神传记》（简称《精神传记》），纽约：十字路口出版社，2000 年，第 104—105 页。

在那里，他师从弗朗索瓦·托斯奎尔斯，继续开展研究工作。托斯奎尔斯是一位才华横溢的加泰罗尼亚精神病学家，也是"机制疗法"学派的创始人。早慧的托斯奎尔斯二十二岁时就被任命为佩雷马塔研究所的医生，并在二十四岁时担任西班牙内战期间共和军的首席精神科医生。战友们失败后，他在圣阿尔班苏尔利马尼奥尔定居，与致力于推进精神分析学发展的其他精神病学医生合作，继续开展他的研究和临床工作。托斯奎尔斯很快便看出他的这位二十六岁的学生身上的天赋与才能。法农受到他在机制疗法中看到的潜力的鼓舞。这两个人变得非常亲近，可以说是一见如故，以至于，正如切尔基记述的那样，在法农流亡和失业多年后，托斯奎尔斯甚至还帮助法农支付了他女儿米雷耶的抚养费①。

机制疗法是一种治疗精神病的人本主义的治疗方法，它要求将日常生活整合到治疗过程中，目标是创建一个"治疗社区"。托斯奎尔斯和他的同事们鼓励患者在十到十二人的小组中相互交流，以建立一个针对心理、社会和职业治疗的组织机构。

不久后，法农开始寻找他在《黑皮肤，白面具》中提出的关于失败的论点——特别是关于精神病学方法在应对社会异化方面的局限性的那些观点——的经验验证。回忆一下我们开篇的评述，法农常常希望他在自己思想的悲观方面的判断是错误的。在一个反常的社会中，精神病学为正常化所作的努力似乎毫无希望，因为归根结底，凝聚力和一致性会使患者在现实中变得不正常②。与弗洛伊德在《文明以及它的令人不满之

---

① 切尔基的《肖像》，第 93 页。关于托斯奎尔斯对他与法农共度的那些年的思考，见《弗朗兹·法农在圣阿尔班》（阿希尔·姆贝姆巴撰写序言，米雷耶·法农－曼德斯－弗朗斯撰写导言），载于《弗朗兹·法农：时代的文本》，法农基金会编，巴黎：小早晨出版社，2012 年，第 75–89 页；原文载于《精神病学信息》1975 年第 51 卷第 10 期。

② 法农并非唯一提出这一观点的人。关于其他黑人精神病学家和心理学家对这一问题的历史研究，参见罗伯特·V.格思里：《甚至老鼠也是白肤色的：心理学的历史视角》（第 2 版），波士顿：艾林和贝肯出版社，2003 年。

处》文末的预断相似，法农的预判是，转变不正常的社会，这将使得一个正常的主体成为一个健康的主体①。因此，托斯奎尔斯的研究为法农的研究提供了一种可能性，即精神病学的工作可能并非徒劳。

法农与托斯奎尔斯合作将近两年，成果丰硕。在这期间，他和他的导师共同撰写了三篇医学论文，支持和拥护他们的"治疗社区"疗法。法农后来重新评估了他和他的导师得出的一些结论，但目前来看，这位年轻的医生确实在一种将社会生成因素考虑在内的治疗方法中看到了希望。

回到非洲

1953 年，法农以优异的成绩通过了精神病医院的医疗人员考试。这次考试使他有资格在法国及其殖民地或其他相关部门的任何一所精神病治疗机构担任科室负责人。那一年，通过考试的人数不到申请人数的三分之一。因此，这个时候，法农已经是一位二十七岁便拥有出色的专业资历的知识分子。他不仅是一位拥有医学学位和指导法国精神病治疗机构执照的年轻人，而且是一位已经发表了一部阐述精辟、发人深省的专著和好几篇医学论文的作者。此外，他还是一位两次获得战争勋章的退伍老兵，是一个"马提尼克人"，与法国加勒比海其他地区或非洲法语区的黑人不同，这些地区的黑人大多被法国人视为贱民。马提尼克人通过他们在第二次世界大战中的经历发现，在大多数欧洲人及其殖民地子民中，他们是黑人，他们仍然会因为肤色太黑而让人感到不适，而且现实中仍旧存在一些黑人被认为比其他黑人更"黑"的情况。因此，法农本

---

① 弗洛伊德 1930 年的经典著作的德文原名为《文化中的不适》。众所周知，英文书名抹去了这本书的激进性，因为"文明化"（城市居住）并不像"文化"那样具有根本性。法农的主题——人——一旦脱离了文化的框架，便毫无意义，正如他对分析社会生成因素的偏好所暗示的那样。

可以选择在世界上的许多法语城市舒适地生活——在蒙特利尔、魁北克市、布鲁塞尔，或者巴黎。然而，正如我们在《黑皮肤，白面具》的结尾所看到的，很明显，法农吹响了变革社会制度的战斗号召，他已经告别了舒适的生活，并选择了致力于社会变革和革命斗争的生活道路。对他来说，回到生活舒适的、小资产阶级的马提尼克医生的角色是难以忍受的。

因此，法农决定为非洲的去殖民和解放事业奉献自己的力量。他给列奥波尔德·塞达·桑戈尔写了一封信，他在《黑皮肤，白面具》中曾与桑戈尔的观点进行过斗争。像塞泽尔一样，桑戈尔将他的思想引向了具体的政治方向，他当时已经是塞内加尔的总统。桑戈尔从未回复过法农的来信。人们可能会想象桑戈尔和法农的合作会是什么样子。事实上，考虑到法农在他的第一本专著中对黑人主义的看法，这两个人可能会互相憎恨。随着事态的发展，桑戈尔后来沉溺于他最终从法国获得的认可，这无益于他们之间的关系。尽管如此，也许法农会把桑戈尔引向一个更为左翼、更为革命的视角。或者也许这位长者会引导这位年轻人远离他的革命倾向。也许历史上的法农就是这样，他只能通过与北非阿拉伯人、柏柏尔人和其他族群的接触而出现。我们最多只能猜测。确实发生的是，法农在诺曼底蓬托松的精神病医院担任了一段时间的临时科室负责人，后来接到了阿尔及利亚阿尔及尔布利达－让维尔医院的邀请，邀请他成为该医院的科室负责人，这正是他一直寻求的机会。他即刻接受了邀请，并且发现此时正是20世纪革命政治史的传奇阶段，而自己正身处其中。

在布利达－让维尔医院，阿拉伯男护士负责日常治疗。除了提供基础服务外，他们主要负责在临床操作中担任阿拉伯语和法语翻译，服务于六名医生和两千名患者。法农是唯一的一位有色人种医生。在法农来到这所医院之前，关于它所采用的"治疗"方法，流传着一些相互矛盾的说法。彼得·盖斯马尔和胡赛因·布尔汉的说法是，法农偶然来到了一家医院，发现阿拉伯和柏柏尔男性患者被用锁链锁在床上，同时被紧身衣束缚着，他于是立即命令工作人员解开他们的锁链，脱掉他们身上的紧身衣，法农因此成了他们的解放者。但是，根据法农的学生、密友和后来的同事让·阿苏莱在艾萨克·朱利安 1995 年的电影《弗朗兹·法农：黑皮肤，白面具》中的一次访谈可知，布利达 - 让维尔的病人从未被锁链束缚①。他表示，正好相反，打开他们身上的锁链的说法是"比喻性的"。通过实施他从托斯奎尔斯那里学到并与其共同推进的社区治疗这一人本主义的治疗方法，法农为两千名患者提供了一个人道的环境，仿佛他们身上的锁链被打断了。同样在布利达 - 让维尔实习的切尔基记述道，"医院的场地非常广阔。患者被安置在类似旧监狱的建筑里，建筑里有更新、更现代化的设施"②。无论我们接受哪一种说法，有一点是清楚的，即法农在布利达 - 让维尔是一股解放力量。他实践了一种政治治疗理论，强调了托斯奎尔斯的模式。米拉吉·德赛将这种方法描述为"精神政治学"③。这些成果是对直至今天仍有影响力的解放治疗法的修订。其中的一项成果是为了最大化地表现患者的能动性而营造环境。这种环境是通过为患者和医疗员工引入团体治疗、运动队、娱乐郊游、下午茶对话以及一份名为《我们的杂志》的每周刊物，并取消隔离病房来营造的。

---

① 艾萨克·朱利安：《弗朗兹·法农：黑皮肤，白面具》（电影），诺马尔电影公司，1996 年。
② 切尔基的《肖像》，第 59 页。
③ 米拉吉·德赛：《心理学、心理层面与批判实践》，《理论与心理学》，2014 年第 24 卷第 1 期，第 63 页。

一方面，法农继续开展他的研究并撰写医学论文①。然而，法农进行这项工作时恰逢动荡时期。法国在试图保持它对印度支那（越南）的控制时遭到了极大羞辱，尤其是次年（1954 年）在奠边府战役中被越共军队击败——这一事件导致了美国政府的干预，到 20 世纪 60 年代演变成了越南战争。另一方面，争取民族独立的阿尔及利亚民族主义者组织——民族解放阵线（FLN）也开始在阿尔及利亚寻求国民的支持，阿尔及利亚是法国最看重的殖民地。法国决心要将阿尔及利亚保持在其殖民控制之下，它实施了残酷的镇压制度并采用了其他侵犯人权的做法，以压制阿拉伯人和土著居民争取民族解放的斗争。目前学界在数量据估计方面没有达成共识，但到 1962 年时，大屠杀升级，阿尔及利亚战争的伤亡人数为：一万七千余名法国士兵和移民定居者，以及大约三十六万名阿尔及利亚人②。这些数字的苦涩讽刺在于，就像英国人竭力保持他们对殖民地的控制那样，法国人在他们的军事行动中利用了有色人种士兵。因此，有些马提尼克人和塞内加尔人在死后被认定为"法国人"，尽管他们在生前未能得到这样的认可。

具有讽刺意味的是，授予法农十字勋章以表彰他在二战中的英勇无畏的军官是代表法国在阿尔及利亚实施军事行动的领导者拉乌尔·萨兰。

---

① 这些文章中的许多内容现在都可以在以下这本书的英文版中找到，弗朗兹·法农：《去殖民化疯狂——弗朗兹·法农的精神病学著作》，丽莎·达蒙，译，奈杰尔·吉布森，编，纽约：帕尔格雷夫·麦克米伦出版社，2015 年。该书由艾丽斯·切尔基作序，罗伯托·贝内杜托作后记。切尔基在她的《肖像》中也提供了对这些论文的简明扼要的总结，尤其是在她的脚注中。她还概括了当时该国流行的殖民地精神病学模式（第61—62 页）。另见布尔汉的《弗朗兹·法农与压迫心理学》，第 227—228 页。

② Necrometrics.com（死亡统计学）汇总了各类评估，进行了交叉参考，并与其他权威机构进行了核对，得出的结论是缺乏共识，使得这些数字只能是粗略估计。参见 http://necrometrics.com/20c300k.htm#Algeria。相关的历史研究，参见托德·谢波德：《去殖民化的发明：阿尔及利亚战争与法国的重塑》，伊萨卡：康奈尔大学出版社，2006 年。尤其参见该书的第 44 页。对诸如此类的可怕的历史事件的讨论，包括对法国对阿尔及利亚的殖民历史的讨论，参见帕特里夏·M. E. 洛尔辛：《阿尔及利亚和法国（1800—2000）：身份、记忆、怀旧》，锡拉丘兹：锡拉丘兹大学出版社，2006 年。

法农说了什么

法农决定运用他作为医生、退伍军人和作家的技能为民族解放阵线奉献自己的力量，这进一步强调了这种形式的美好。像萨特一样，法农认为在这种紧迫的历史情境中保持中立是一种被不诚实玷污的态度。逃跑这条路也是如此。这是他们与卡尔·雅斯珀斯的共同立场，法农曾在《黑皮肤，白面具》中讨论过卡尔·雅斯珀斯在罪疚和责任问题上的立场 [1]。正如法农在《为了非洲革命》所转载的一封书信中责备一位朋友：

> 当你告诉我你想离开阿尔及利亚时，我的友谊突然被迫沉寂了。艰难而决定性的画面从我的记忆的闸门涌出……
>
> 当你的兄弟们问你："在阿尔及利亚发生了什么？"你会怎么回答他们？
>
> 说得更准确些，当人们想要知道你为什么离开这个国家时，你将如何消除笼罩在你头上的耻辱？
>
> 这种耻辱来自于没有理解，来自不愿意理解你周围每天发生的事情。
>
> 你在这个国家待了整整八年。
>
> 这个巨大的创伤丝毫没有阻止过你离开。（《为了北非革命》，第46页）

虽然没有指明姓名，但这位朋友很可能就是他的同事 R. 拉卡顿医生。白人殖民者在法国当局的默许下对阿拉伯人和柏柏尔人发动了一场残酷的战役，法国当局也参与了这些活动，除此之外，他们还在继续通过酷

---

[1] 当然，我指的是卡尔·雅斯珀斯的经典之作《德国罪责问题》，由耶稣会士约瑟夫·W. 科斯基作新引言。卡尔·雅斯珀斯：《德国罪责问题》，E. B. 阿什顿，译，纽约：福特汉姆大学出版社，2001 年。

刑获取情报。法农利用布利达－让维尔的场地训练民族解放阵线成员成为护士和医疗人员。他教导他们如何在审讯时——这毫无例外地意味着在酷刑下——忍耐住酷刑，不泄露秘密，以及如何使用普通材料作为战争工具。他还和包括拉卡顿在内的团队成员一起治疗受伤的民族解放阵线成员。换言之，他的行动使他成了法国的叛徒和反殖民斗争的捍卫者。最终，医院引起了敌人的怀疑，工作人员们被带去审讯。拉卡顿是这个不幸的群体中的一员。帕特里克·艾伦提供了一个记述，它可能有助于我们理解拉卡顿的决定：

　　拉卡顿被带离医院已经有好几天了，他被带到了警察局总部的审讯室。警察对待欧洲嫌疑人通常比对待阿尔及利亚人更为残酷，他们将支持民族主义的欧洲人视为他们国家和民族的叛徒。但是，警察必须得小心地留下他们操作的证据，因为欧洲人保留了一些法律追诉的手段。他们开始只是单纯的恐吓，让受害者观看他们把几名阿尔及利亚人折磨至死，这几名阿尔及利亚人是他们从街上随机挑选的。随后的劝服手段包括将受害者浸入浴缸直至濒临溺水、施行令人痛苦的灌肠和长时间的电击。几天过去了，这样的手段没有得到任何有用的信息，审讯拉卡顿医生的人便推测他是民族主义的同情者，但与革命行动没有直接关联，于是他们把他带到一个欧洲殖民者的养猪场，并把他扔进了一个满是愤怒的猪的猪圈。

　　拉卡顿返回医院，收拾了几件个人物品后动身前往法国[①]。

---

① 艾伦的《弗朗兹·法农：一部精神传记》，第137页。

法农说了什么

　　法农显然有一种殉道的倾向。随着战争的升级，法国对民族解放阵线成员和平民缺乏清晰的区分，这导致了法国当局的合法化资源在缺乏暴力手段的情况下崩溃了。法农发现自己处于一个无法续停留的位置。1956年7月，在一次大罢工发生之后，医院管理层决定惩罚所有信仰伊斯兰教的雇员，法农辞职了。他给阿尔及利亚总督罗伯特·拉科斯特的辞职信收录在《通往非洲革命》中，这封辞职信卓越且简洁地陈述了法农对在殖民环境中开展精神病学实践的立场。

　　在信中，法农首先承认了他早期在阿尔及利亚所做的努力源于他坚持自由改革主义："尽管阿尔及利亚精神病学实践的客观条件已经违背了常识，但在我看来，我们还是应该努力使这个体制不那么恶毒，该体制的理论基础是对真正的人类视角的日常蔑视和违背"（《为了北非革命》，第50页）。随后，他宣布放弃自己的信仰；法农的话语让人想起W.E.B.杜波依斯在亚特兰大的岁月，面对每天发生的私刑、暴民暴力和肆意监禁，他意识到他天真地信仰科学至上主义的行为愚蠢至极；法农写道："可是，如果每天发生的现实是由谎言、懦弱以及对人的蔑视织成的网，那么一个人的热情和关注能获得什么呢？"（第51页）。他的回应是识别和确定心理－存在维度和政治维度的某些形式的精神疾病："疯癫①是人失去他的自由的手段……阿尔及利亚的现状是什么？一种制度化的去人性……阿尔及利亚现存的社会结构反对任何意图安置个体（于人的位置）的尝试"（第51页）。

　　大卫·考特和更为年轻的弗朗索瓦丝·维尔格等评论家认为，由于法农的马提尼克人背景有着法国人的身份，他在阿尔及利亚做事能够比普通专业人士更方便些。这样的一个合理化解释将会说明拉卡顿和其他

---

① 在精神病学中，主要指精神错乱。译者注。

人所受到的待遇。法国知识分子倾向于让自己相信"法国性"高于种族而生，对此我仍然觉得困惑。就好像法农在《黑皮肤，白面具》中所写的东西被完全忽视了似的，就像传记作者布尔汉和切尔基所指出的，人们一直称他为"黑人精神病医生"，这在法国社会中不知何故显得反常。更进一步说，如果假设法农作为一个想要证明自己的黑人是忠诚的，那么这种假设同样也适用于其他的马提尼克人和来自法国统治下的其他殖民地的黑人——这些黑人被招募来服务法国。法国人知道，许多，甚至是大多数，阿拉伯人憎恶黑人（正如今天非洲大陆和中东的许多黑人所知道的那样，这种憎恶或优越感仍然存在）①。讽刺的是，法农的黑人性可能一直是他能够更方便地做事的原因，由于被法国人和黑人拒绝，被认为是他们二者都不会结盟的盟友，因此，矛盾的是，他作为对方敌人的朋友，对二者来说都是可信的！这终究也只是猜测。很清楚的是，他在治疗那些饱受折磨的人和折磨别人的人，他支持民族解放阵线的事情越来越为外界所了解，这危及他的生命，并最终导致他被捕。因此，正如俗话所言，他选择在1956年辞职正是时候。

　　辞职后，法农匆匆去了巴黎。那年的九月，他参加了在索邦举行的第一届黑人作家和艺术家大会。他作为马提尼克代表出席了会议，并且宣读了他的那篇非常富于先见之明的论文《种族主义与文化》，该论文同时收录于《为了非洲革命》。20世纪部分最有影响力的黑人作家，从理查德·赖特到列奥波尔德·塞达·桑戈尔，都参加了这次会议。正是在会

---

①　这种仇恨具有讽刺意味，因为不仅在阿拉伯世界中有一个相当大的非裔－阿拉伯人群体，而且，根据"种族"是如何被解读的，阿拉伯人可以被恰当地视为混杂的非裔－亚洲人。这在很大程度上取决于一个人如何理解阿拉伯人的历史以及他们的史前史（从哪些人中出现了"阿拉伯人"这一族群称谓）。参见阿尔伯特·胡拉尼：《阿拉伯人的历史》，纽约：华纳图书，1991年；约翰·麦克休戈：《阿拉伯人简史》，纽约：自由出版社，2013年；查尔斯·芬奇三世：《古老的黑暗之地的回声：来自非洲伊甸园的主题》，迪凯特：肯提出版社，1991。尤其是该书的第1章和第5章。另见W.蒙哥马利·瓦特和皮埃尔·卡奇亚的短文《谁是阿拉伯人？》，宾夕法尼亚大学非洲研究中心，http://www.africa.upenn.edu/K-12/Who_16629.html。

议上，法农遇见了巴巴多斯作家乔治·拉明并与他成为了朋友①。根据许多叙述，法农的论文在会议上引起了很大的轰动②。

《种族主义与文化》中的观点与法农的辞职信以及他对种族主义和社会压迫的社会生成因素的早期评判相吻合。种族主义是种族主义社会的规范性特征，因此是一种制度理性。

> 于是，身处种族主义文化中的种族主义者是正常的。他在他自己的环境中实现了经济关系与意识形态之间的完美和谐……而事实上，种族歧视遵循着一种完美无瑕的逻辑——一个依靠剥削其他民族来生存和获取物资的国家，迫使它剥削的这些民族变得劣等化，进而，被施加在这些民族身上的种族歧视便是正常的。（《为了北非革命》，第41—42页）

种族主义理性的存在使得种族主义对于种族主义社会的统治群体来说变成了无形的："心理学家谈到，偏见已经变成了无意识的。事实是，制度的严密性使得对优越性日复一日作肯定显得多余"（《为了北非革命》，第38页）。这导致的结果是，种族主义关系的变体不断重现，抵抗种族主义的斗争持续不断。从以道德和智力弱点来进行老式粗略的生物学区分，到对黑人天生的文化秉性给予异国情调化的赞扬，只要殖民化制度还存在，新的种族主义形式就会出现。例如，转向文化本身并不导致政治转变。在粗陋的形式中，统治群体假设了有些人是没有文化的。更精密复杂的形式承认其他群体的文化属性，但又增加了关于文化等级

---

① 关于参与者的注释列表，参见《CMS杂志》（2007年11月5日），http://csmsmagazine.org/?p=870。我在与法农谈话时了解到乔治·拉明与法农之间的密切关系，其他资源还包括切尔基的《肖像》，第88页。

② 参见切尔基的《肖像》，以及莫本的《弗朗兹·法农》，第212页。

制度的假设。

与他在《黑皮肤，白面具》中的立场相呼应，法农的建议是积极投身于反对征服和殖民主义的斗争中。征服者的群体文化必须失去其作为优越民族文化的身份，这种身份反对不同文化之间的真正相遇。

> 在斗争的过程中，统治民族试图复活种族主义观点，但是，关于种族主义的阐述越来越无效……占领者不再理解……占领者僵化、文化僵化，解除束缚，最终向真正成为兄弟姐妹的人们敞开了文化的大门。这两种文化可以迎面对抗并相互丰富。（《为了北非革命》，第 44—45 页）

法农总结道，没有殖民主义，不同文化之间"交互的相对主义"就会出现。此处，法农指的不是认识论和道德上的对抗。恰恰相反，他的意思是，一种文化比另一种文化"更好"的那些观念将失去意义[1]。

法农在这里讨论了弗朗兹·博阿斯半个世纪前在美国背景下提出的一个问题。在社会达尔文主义盛行的美洲，白人受到进步观念的鼓舞——这些观念假定白人至上是进步的必然特征。在欧洲社会及其殖民地，被带到种族灭绝边缘的本土居民和被绑架并沦为奴隶的人们被认为是原始的或欠发展的，因此，这些人类特征将会在人类现代化的实践中被抛弃，这些实践要为至高无上的白人性铺平道路。博阿斯的反应是指出这是一种对自然选择的曲解；换言之，由于没有任何一个群体不受到另一个群体的影响，由于不存在任何非人类因素的条件，所以没有什么

---

[1] 然而，弗朗兹·法农并不是一个文化相对主义者，正如阿托·塞基－奥图在《法农的经验辩证法》（马塞诸塞州，剑桥：哈佛大学出版社，1996 年），第 198 页所示。

非人类因素是人类不能适应的①。这样的目的论主张在简单地认为生物生存均由其环境决定的理论中没有用武之地。此外，今天幸存下来并不意味着明天也会如此。因此，在任何时刻共存的一切生物都是同样在进化的，因为环境维持着每一个有机体。一些比较将某些群体归类为原始（属于过去），这种比较是行不通的，因为他们的存在表示他们已经进化到了现在这个时刻。向文化移动改变不了这一事实。换句话说，种族主义做的事情是给文化带来了关于文化功能的谬误理解。再换句话说，种族主义文化通过忘记它自己的流动，抹去了它自己作为文化的存在。因此，种族主义的支持者们对被殖民的民族强加了一种拒斥和终结②。实际上，作为过去的人们，被支配的群体被排挤出了文化生活的经验现实。法农称这种现象为文化的"僵化"。他们遭遇了一种活生生的死亡。

　　法农把这种僵化作为文化表演仪式来审视，他认为这些仪式是文化生活的反常状态。人们的生活方式如同博物馆的展品那样被展示出来，组织各种关系的条件已经掌握在殖民群体和支持种族主义的群体的手中。虽然法农意识到这一过程是对被支配群体的一种伤害，但是他的分析存在矛盾之处，他的欧洲现代主义偏好使得他寻找克服这些偏好的办法而非保持这些偏好的办法。我们应该记住，"欧洲现代"是一个谬误，它将"现代"归为现代的欧洲形式。以博阿斯的论点为例，如果说不能同时以非洲、印度和其他形式共同表现现代，这是完全没有理由的。在法农对

---

① 关于博阿斯的更多信息，参见路易斯·R.戈登：《弗朗兹·博阿斯在非裔哲学中的形象》，《重新发现弗朗兹·博阿斯的世界：本土视角》，以赛亚·洛拉多·威尔纳·纳德·布莱克霍克，译，纽黑文：耶鲁大学出版社，2015年；弗农·威廉姆斯：《重新思考种族：弗朗兹·博阿斯及其同时代人》，莱克星顿：肯塔基大学出版社，1996年。

② 对种族主义文化的更多讨论，参见大卫·西奥·戈德堡：《种族主义文化：哲学与意义政治》，牛津：布莱克韦尔出版社，1993年；路易斯·R.戈登：《文化哲学中的黑人存在》，《第欧根尼》，2014年10月：http://dio.sagepub.com/content/early/2013/10/14/0392192113505409［原文为：《文化哲学中的黑人存在》（"L'existence noire dans la philosophie de la culture"），《第欧根尼》，2011年第235-236期，第133-147页］。

布鲁斯音乐的讨论中，这个错误尤其明显。

> 因此，布鲁斯，也是"奴隶哀歌"，被呈现给压迫者们，供
> 他们赞赏。它把一些被风格化的压迫归还给剥削者和种族主义
> 者。没有压迫和种族主义，就没有布鲁斯。种族主义的终结是
> 伟大的黑人音乐的丧钟……
> 如果用著名的汤因比的话来解释[①]，布鲁斯是奴隶对压迫的
> 反应和质询。
> 即使是现在，对于许多人来说，甚至是对有色人种来说，
> 阿姆斯特朗的音乐只有在这个背景下才有真正的意义。
> 种族主义使得施行它的文化的面庞肿胀并毁容了。文学、
> 造型艺术、流行歌曲、谚语、习惯、样式，无论它们是试图攻
> 击它还是将其庸俗化，都复兴了种族主义。（《为了北非革命》，
> 第38—39页）

这种对布鲁斯音乐的解读极不对等。法农犯的错误是因果永恒性的
谬误，即把导致现象产生的条件变成了维持该现象的条件。根据法农的
观点，布鲁斯这种诞生于种族苦难的音乐只能以特定的咒骂和诽谤来维
持。因此，在法农的解读中，听布鲁斯音乐的白人是在享受他们的政治
地位所造成的苦难。那么，这将意味着对美学生产的认同需要与它的产
生有密切联系。然而，许多人不仅享受与他们的个人经历没有密切联系
的音乐，而且还将他们自己的经历附加在源于不同经历的音乐上。他人

[①]　我保留了法语文本中的原始拼写，但没有地方可以找到"托明比"，因此推测法农实际上指的是阿诺德·J. 汤因比。同样得出这一结论的其他著作可参见杰里米·F. 莱恩《爵士乐与机器时代的帝国主义：法国的音乐、"种族"与知识分子（1918 - 1945）》，安娜堡：密歇根大学出版社，2013年，第207页。

的社会苦难的经历在艺术上能够被个人化，并以个人苦难的方式被欣赏。正如克尔凯郭尔在《非此即彼》中对诗人的著名描绘所证明的那样，我们指的是：

> 一个心中怀有深深痛苦的不幸人，但是他的双唇竟如此奇特，以至于它们的呻吟和呼喊都变成了令人陶醉的音乐。它们的命运就和被暴君法拉里斯囚禁在铜牛中的那些不幸的受害者一样，它们被持续燃烧的火慢慢折磨，它们的哭声无法到达暴君的耳朵以震撼他的心，令他心中充满恐惧，当它们到达他的耳朵时，它们听起来却像甜美的音乐。人们围绕在诗人身边，并且对他说道，"请再为我们唱唱歌"——这无异于在说，"愿新的痛苦折磨你的灵魂，但愿你的双唇形似以前；因为哭喊只会让我们苦恼，而音乐，音乐是令人愉悦的"[1]。

克尔凯郭尔的描述指向了于苦难中诞生的诗歌和音乐之美，但他并没有回答为什么读者或听众能够识别这种美并与之产生共鸣。必定有某种东西把观众与表演联系起来了。唱布鲁斯和听布鲁斯的不仅仅是黑人。许多人都这样做。在澳大利亚、巴西、中国、印度、韩国、俄罗斯，到处都是非黑人在听布鲁斯音乐。我非常怀疑他们所有人会不会把自己想象为棉花种植园里被奴役的黑人，或者是那些因为受到刑事司法制度的不公正对待被监禁在牢房里的黑人。为了理解这一点，我们必须得更深

---

[1] 索伦·K.克尔凯郭尔：《非此即彼》（第一卷），大卫·F.斯旺森、莉莲·马文·斯旺森，译，普林斯顿：普林斯顿大学出版社，1959年，第19页。该书的修订者和序言作者为霍华德·A.约翰逊。

入地探讨布鲁斯究竟是什么①。在这里只需说，关于双重意识、经过强化的双重意识和理论的黑暗面的那些早期论点都与布鲁斯音乐有关：它们都涉及人们在生活中必须面对但却难以接受的方方面面。就此而言，它们揭示了错误观念中的普遍性的特殊性，并通过这样做，自相矛盾地将自己的特殊性转化为一种更具普遍化的实践。所以，虽然布鲁斯音乐诞生于黑人的苦难，但是它言说的是现代苦难本身。它言说的对象是任何一个面对现代存在内景的人，而且，由于这也关系到后现代存在，它超越了其特殊性。正如拉尔夫·埃利森所说：

> 布鲁斯是一种冲动，它要让残酷经历中令人痛苦的细节和片段在一个人痛苦的意识中保持鲜活，它要触摸这一残酷经历的嶙峋交错的纹理，并超越它，不是通过哲学的安慰，而是透过从它那里挤压出来的一种近乎悲剧、近乎喜剧的抒情主义。作为一种形式，布鲁斯是个人苦难的自传体编年史，它以抒情作为表达方式②。

布鲁斯关乎在一个荒谬和不公平的世界里应对各种形式的生活苦难。正因为如此，它是现代生活的主旋律。我们应该记住，黑人是由现代世界制造出来的。他们的美学生产对这个时代的言说是其他许多民族

---

① 关于经典论述，参见阿米尔·巴拉卡：《布鲁斯人民：白人美洲的黑人音乐》，纽约：威廉与莫罗，1963年；拉尔夫·埃利森：《走向领地》，纽约：文特奇出版社，1987年；拉尔夫·埃利森：《影子与行动》，纽约：文特奇出版社，1964年。更多的近期讨论，参见莱恩：《爵士乐与机器时代的帝国主义》；路易斯·R.戈登：《论颓废时代的悲剧与布鲁斯：对尼采与非裔美国的思考》《关键的亲缘关系：尼采与非裔美国人经验》，杰奎琳·雷尼·斯科特、托德·弗兰克林，奥尔巴尼：纽约州立大学出版社，2006年，第75-97页；杰西·R.斯坦伯格、阿布罗尔·费尔韦瑟：《布鲁斯——适合每一个人的哲学：深思低落的情感》，马尔登：威尔利·布莱克威尔出版社，2012年。
② 拉尔夫·埃利森：《影子与行动》，纽约：文特奇出版社，1964年，第78-79页。

难以媲美的。我们只需要思考一下，布鲁斯音乐的影响力已贯穿 20 世纪并持续至 21 世纪，它的音乐表现形式多种多样：摇摆乐、爵士乐、节奏布鲁斯、灵魂乐、摇滚乐、贝津舞曲、曼波、萨尔萨、桑巴、洛克斯特迪、雷鬼、卡利普索，以及如今的嘻哈。尽管这份名单看起来杂乱无章，但这些音乐形式都植根于某种布鲁斯。此外，布鲁斯在某些方面体现了它们本身的审美。布鲁斯音乐充满了讽刺。它的悲伤体现了一种成熟的、对生活的理解，具有讽刺意味的是，这种理解是严肃清醒的，有时又是快乐的。这是一种非幻觉的幸福，通常以自嘲和批判性评判为标志，它是一种认知而非逃避的幸福感或者幽默感。它是月光之美与阳光之美的对比，我们一旦意识到有多少东西可能潜伏在光天化日之下，便能理解到布鲁斯音乐的阳光灿烂。想想一个人从酒精中寻求的麻木感，以及蓝调所提供的实现感，这种麻木感不会带你去任何一个地方。所有的布鲁斯音乐作品都在提醒我们，生活不是我们要去逃避的东西，而是要去面对的东西。例如，布鲁斯音乐在形式上就做到了这一点。经典布鲁斯的结构充满了重复，而这些重复揭示了生活循环往复的新鲜的、多层面的意义。在这样的结构中，虽然故事是被复述的，但又是在不同的层面上被理解的，它所产生的效果是缓解情感压力或净化心灵，在这之后则是更新人对原点的理解。

这里的反讽在于，《黑皮肤，白面具》——像 W. E. B. 杜波依斯、拉尔夫·埃利森、尼古拉斯·吉伦·巴蒂斯塔、兰斯顿·休斯、佐拉·尼尔·赫斯顿、阿迪亚斯·多·纳西门托、理查德·赖特、史蒂夫·班图·比科等人的作品，以及许多其他作品，例如，法农的朋友乔治·拉明的著作，更近期的批判法律理论家德里克·贝尔、小说家托尼·莫里森和哲学家及宗教领袖康奈尔·韦斯特的著作一样——是一部布鲁斯文本。在这部作品中，法农讲述了一个故事，这个故事在逐渐增多的启示层次中被多次复述。在宣泄的时刻——哭泣——持重清醒则使人们得以面对一个以前难以承受的现实：黑人想要得到规范性的认可是没有希望的，而且不得不放弃认可的辩证逻辑。

那么，法农对布鲁斯音乐的看法何以如此缺乏远见呢？我怀疑，滋养他的法语知识分子界对诗歌和散文——简而言之，对写作——持有偏见[1]。法农对布鲁斯音乐有偏见，因为他仅仅将它视为表演媒介，而不是哲学和更高层次的审美表达。然而，如果说法农的批评意味着他对参与布鲁斯音乐怀有敌意，这也是不公正的。法农的传记作者曾回忆，法农不是一个缺乏乐趣的人，他确实聆听了他那个时代的黑人流行音乐，也随着这些音乐跳过舞[2]。

然而，"种族主义与文化"并不是法农讨论布鲁斯的最后一番话。他后来在《全世界受苦的人》（大多数人称之为《全世界的被诅咒的人》）中的分析提供了一个不同的描述。在这个描述中，他赞扬了布鲁斯音乐的衍生物之一比波普的创造精神和抗争精神，他认为比波普将白人迷恋的黑人苦难转化为了提升音乐表演标准和潜力的才能：

> 　　一个令人难忘的例子是在第二次世界大战结束后，白人爵士乐专家们对比波普等逐渐形成的新风格的反应。这个例子之所以有一定的重要意义主要是因为它除了关乎殖民现实，还涉及许多其他方面。对这些白人爵士乐专家来说，爵士乐只能是破碎的和绝望的怀念——怀念一个老黑人在喝了五杯威士忌之后，开始咒骂自己和白人的种族主义。一旦黑人以不同的方式

---

[1] 彼得·沃斯利也提出了这一观察，《弗朗兹·法农与"流氓无产阶级"》，尤其是第195-196页，以及 F. 阿比奥拉·伊雷尔的《黑人主义时刻：论非洲法语区域加勒比海地区的文学与思想》。

[2] 参见切尔基的《肖像》，第125页。

来理解自己和世界，一旦他点燃希望并迫使种族主义世界退缩，显然，他将随心所欲地吹奏他的小号，他沙哑的声音将会响起，清晰且洪亮[①]。

事实上，法农在这篇文章中的主要观点仍站得住脚。然而，一个基于殖民主义的社会，其规范性的社交领域是种族主义的，它没有给被殖民者和被指称为劣等种族主体以未来，这迫使他们"跳入过去的深渊，并将此作为他们获得自由的条件和途径"（《为了北非革命》，第44页）。没有未来，法农警告的僵化最终会变得薄弱、失去效力。由于法农支持指向外部的活动（保持"行动"），内在性的失败要求人们对抗一个被排除的未来。这样的活动使殖民群体感到困惑，冲突"让人们（有可能）真正成为同胞。两种文化能够迎面对抗，相互丰富"（《为了北非革命》，第45页）。法农总结道，"普遍性在于决定支持不同文化之间交互的相对主义，这些文化曾经被殖民身份不可逆转地排除在外"。

此处，我们看到了一个经典的法农式主题。没有对抗和冲突就没有相互尊重。回想一下他为什么尊重弗朗西斯·让松——《黑皮肤，白面具》的主编。法农迫使一个情境出现，在这个情境中，两个男人的价值观面对面，通过这次会面，尊重促成了伟大的作品的产生。将这个隐喻扩展到社会层面，即如果人们能够进入一个让每个人尽其所能地作出贡献的地域，那么他们就能够创造一个更好的世界。

---

① 参见弗朗兹·法农：《世界上的受诅咒之人》，巴黎：朗索瓦·马斯佩罗出版社有限公司，1961年，第291页。该书由让-保罗·萨特作序，热拉尔·沙利昂德作简介。对该书的讨论，参见莱恩的《爵士乐与机器时代的帝国主义》，第190页。

革命献身

1957 年 1 月，法农收到了阿尔及利亚的驱逐令。切尔基告诉我们，这一驱逐令可能"救了他的命，如果我们停下来思考一下无数名'知识分子'——他们继承了那些被贴上亡命之徒和强盗土匪标签的人的事业——的命运就会明白"[①]。

最初，法农一家去了里昂，与乔西的父母共度时光。后来，弗朗兹去了巴黎。在那里，通过弗朗西斯·让森，他与一群令人印象深刻的民族解放阵线同情者为伍，包括克劳德·兰茨曼、让－保罗·萨特和西蒙娜·德·波伏娃。他还得到了他的家人亲戚和老朋友们的陪伴。他的兄弟乔比和密友马塞尔·曼维尔希望他留下来。作为知识分子，他可以为这个杰出社区的事业出谋划策。法农的回应体现着他这个人的特点："法国有萨特，"他拒绝道，"而且，法国还有加缪和梅洛－庞蒂。人们不需要我在这里。他们需要我在突尼斯。那就是我要去的地方"[②]。

于是，法农以法雷斯这个名字回归，从让松的关系网获得赞助和支持，他作为民族解放阵线的一名正式成员回到了北非，回到了突尼斯。不久之后，乔西和他们的儿子奥利维尔与他相聚。接下来的三年，他全身心地投入到了民族解放战争中。他继续训练新兵在战斗中和抵抗审讯及酷刑时的技巧。他还继续开展他的精神病学实践，先是在曼努巴的拉齐医院与一群悲惨的同事对抗逆境，后来又在突尼斯的查尔斯－尼科尔医院与其他医生共同创立了神经精神病学日间诊所[③]。日间诊所是他在

---

① 切尔基的《肖像》，第 90 页。

② 引自艾伦的《精神传记》，第 140 页。

③ 关于这一时期的详细情况，切尔基在《肖像》中有很好的论述，作为法农的学生和后来的同事，她是这一时期的斗争、创新、成功、胜利、挫折和失败的见证者。参见她的《法农》，第 100-139 页。

这段时期所进行的诸多创新之一。另外，他还得到了写作助手玛丽－让娜·马努埃尔的协助，这是他研究和出版成果丰硕的时期。

图3　弗朗兹·法农（后排右六）与他在突尼斯的医疗团队

在某种程度上，突尼斯是法农精神疗法理论的实验室。毕竟，他认为，在去人性化的制度结构下，开展治疗是与之矛盾的。民族解放阵线投身于革命斗争，这意味着法农的患者正在积极地参与一种不断发展的人性化实践，这反过来也激励了他追求他的人道主义目标。

法农还与阿尔及利亚民族解放阵线的杂志《阿尔及利亚的抵抗》的编辑团队合作，不久之后又与《战士》的编辑团队合作。最终，他代表阿尔及利亚共和国临时政府（简称"GPRA"）在非洲其他地区开展工作。法农刊登在《战士》上的一些文章被收录在《通往非洲革命》中，艾丽斯·切尔基提醒我们，尽管法农并非《通往非洲革命》收录的其他文章的作者，不过他在该书收录的文章中的声音是显而易见的。《战士》

编委会坚持作者匿名的做法体现了团队的集体精神。

他在促成阿尔及利亚共和国临时政府（GPRA）与其他非洲国家——尤其是撒哈拉以南的非洲国家——建立联盟方面所发挥的作用不应该被忽略。另一方面，欧洲对非洲的殖民统治也带来了从种族上将北非与非洲其他地区分离开来的标准。从法农时代之前直至现在，阿拉伯霸权和殖民统治留下的遗产一直在北非保持着结构性的反黑人种族主义，尽管北非说阿拉伯语的人的身份在很多方面都具有"有色人种"的特征①。阿拉伯人在北非的存在史本身就是一部帝国历史，是过去伊斯兰国家或哈里发国家留下的遗产。在这些国家，也有绑架黑人（以及白人基督徒）为奴的行为②。"闪米特"民族，阿拉伯人与该地区的许多当地居民以及非当地居民——闪米特人以及"黑人"（按照旧式的种族分类）——混合，形成了法农所处时代的人口构成。从撒哈拉以南的非洲人的立场来看，法农最终是以前殖民者的名义捍卫一个国家，抵御一群殖民者③。对他们来说，阿尔及利亚人在非洲团结的旗帜下寻求与撒哈拉以南的非洲人的团结是虚伪的，因为如果不是成了法国殖民地，他们（除了一部分柏柏尔人和各种"黑人"，游牧的非洲少数民族）本会认同欧洲和中东。法农——一个来自马提尼克岛的黑人——体现了力图推进撒哈拉以北的非

---

① 近期出现的基础层面的关注，参见汤姆·利特尔：《雇佣兵之外：北非的种族主义》，《非洲思想报》，2011年5月27日。http://thinkafricapress.com/libya/north-africa-sub-saharan-africas-racist-neighbour.
② 来源众多，但参见伊万·范·塞蒂马：《摩尔人的黄金时代》，新不伦瑞克：交易出版社，1992年；内赫米亚·莱夫齐翁、杰伊·斯波尔丁：《中世纪的西非：阿拉伯学者和商人的观点》，普林斯顿：马库斯·维德出版社，2003年。
③ 我将闪含语系这个词用引号括起来，是因为它所具有的问题性质。这个词来源于18世纪法国和德国学者，他们试图将阿拉伯语、亚拉姆语和希伯来语统一在一个单一的语言分类之下，最终在19世纪通过法国学者欧内斯特·雷南的工作得以固化。如今，这个词几乎以一种专门的种族化的方式被用来指代白人犹太人，这说明了它的滥用程度。有关这一问题的讨论，请参阅路易斯·R.戈登，拉蒙·格罗斯福格尔、埃里克·米兰茨：《世界历史视角下的全球反犹太主义：导论》，《人类建筑杂志：社会学自我认知杂志》，2009年第7卷第2期，第1–14页；路易斯·R.戈登：《非裔哲学导论》，剑桥：剑桥大学出版社，2008年，第26–28页。

图 4　弗朗兹·法农发表关于去殖民的演讲（很可能是在阿克拉）

洲与撒哈拉以南的非洲之间建立新关系的尝试，当时，撒哈拉以南的非洲人正在积极地同全球的散居黑人地建立联系。在这一方面，法农在大部分时间都是卓有成效的。他虽然未能与马里就阿尔及利亚南部边境作为对抗法国的前线之一达成一致，但通过联系各国相关人士，他建立了穿越撒哈拉的补给线，并解决了枪支和医疗物资的运输问题。1958 年 12 月，他作为参会代表出席了在阿克拉举行的泛非大会，并且发表了公开演讲，会见了像夸梅·恩克鲁玛、费利克斯·穆米埃和帕特里斯·卢蒙巴等非洲领导人[1]。法农希望未来能成立整个非洲大陆工人和国家联盟，因此他始终坚持开展相关的准备工作[2]。

　　1959 年，法农开始关注阿尔及利亚战争对非洲其他殖民地和后殖民地国家的影响。他参加了 3 月 26 日至 4 月 1 日在罗马举行的黑人作家会议，并在会议上作了题为"国家文化与解放斗争的相互基础"的发言，他后来将这篇演讲修订为《世界上的受诅咒之人》的第四章[3]。当时已经很明显了，法国将失去阿尔及利亚，这使得法国人处于要求自身政治合法性的境地。即使法国人输了战争，他们也不得不表示这场战争是

---

① 参见莫本的《弗朗兹·法农》，第 213 页。

② 参见切尔基的《肖像》，第 146 页。

③ 弗朗兹·法农：《民族文化与解放斗争的相互基础》，《非洲之声》，1959 年第 24—25 期，第 82—89 页。

必须要进行的。这导致的结果是反对阿尔及利亚的宣传战加剧了，而另一方面，法国殖民主义被过度合理化。法农的反应得到了阿尔及利亚临时政府（GPRA）的赞同，他撰写了《阿尔及利亚革命的第五年》（简称《第五年》），其唯一的英文译文标题是《垂死的殖民主义》。它是一项关于社会变革和革命教育的研究。这部作品先于阿米尔卡尔·卡布拉尔的《新几内亚的革命》（1970 年）和保罗·弗莱雷的《被压迫者的教育》（1970 年；最初的版本是出版于 1968 年的葡萄牙语版）等书籍，以及当代批判教育学的许多研究。讽刺的是，由于法农在这部作品中对阿尔及利亚的法国白人女性主义者的干预和介入有所批评，这部作品也成了法农最具争议的作品之一。

　　促使《第五年》出版的社会环境可谓是传奇般的。法农以他典型的方式同时为多项事业奠定基础。这些事业不仅包括在紧张的环境下探索心理治疗的有效方法，而且还包括设想非洲大陆需要哪些类型的政治机制来促进人们的健康。这些挑战要求他在紧急的情况下进一步投入到他始终关注的人文科学研究。与此同时，民族解放阵线内部不同派系之间冲突不断，这导致甚至连忠诚的革命者也被清除出了队伍。局势变得令人窒息。法农的应对方式是更深入地投入到他对人类动力学的研究工作中，这增加了他与途经突尼斯的学者们和艺术家们的交流机会。尽管这些知识分子中有许多人可能颇有影响力，但是相较于他们留给法农的印象，似乎还是法农给他们留下的印象更深一些。在某些时候，他们相互钦佩，就像法农与记者乔瓦尼·皮雷利的关系一样，乔瓦尼·皮雷利当时正在进行关于解放斗争参与者们的第一手报道。尽管起初持怀疑态度，但最终法农还是加入了他们，因为他看到了皮雷利的工作与他的理解社会变革动力学这项更大的思想事业之间的联系。在帮助皮雷利开展一些工作之后，法农决定以阿尔及利亚战争为例，开展一项关于革命行动的

法农说了什么

变革潜力的全面研究。在继续履行他的许多其他职责的同时，在玛丽 - 让娜·马努埃兰的协助下，法农在三个月内完成了这本书的书稿。

在履行其中一项职责的过程中，法农几乎丧命。关于发生了什么有许多的故事，但真实的情况大致是这样的：在执行一次外交任务时，法农遭遇了一次严重的事故。有些人说是他的吉普车被炸毁了。还有人说是它掉进了沟里或者只是失控了。当然，还有更多的说法。比较清楚的是，他的脊椎受到了严重损伤，以至于他的主治医生们把他送往罗马接受物理治疗。在这些事件中，他曾几次被设计暗杀，包括一次原定送他去机场乘飞机飞往罗马的汽车提前爆炸，这些事件迫使他采取额外的防备措施，包括旅行时使用各种化名。然而，罗马的报纸报道说，阿尔及利亚革命的一位重要领导人在该市的一家医院，这些报道甚至写上了他的病房号。很可能是来自"红手党"——一个由法国秘密组织的恐怖主义团体——的武装暗杀者突然出现在病房里，法农当时不在病房，这令对方失望了[1]。事实上，法农已在几小时前秘密转移到了另一个病房。

法农康复后，回到了突尼斯，法农对《第五年》的书稿做了最后的润色，并将它交给弗朗索瓦·马斯佩罗出版。马斯佩罗和让松一样，即刻被文本中的文字和思想所打动。他请求法农的同胞，同时也是他早年的偶像塞泽尔为这本书撰写前言，但这位伟大的诗人和政治家拒绝了。同样拒绝他的还有著名的《殖民者与被殖民者》的作者阿尔贝·梅米。马斯佩罗回忆如下：

> 我接触了塞泽尔，我很欣赏他的作品。我请求他这件事让

---

[1] 关于这个团体的历史，参见安托万·梅莱罗：《红手党：共和国的秘密军队》，巴黎：罗歇出版社，1997年。

他陷入了极大的恐慌，他花了两个月的时间才告诉我他实在是做不到。阿尔贝·梅米则当场退缩了；更重要的是，他建议，如果我要继续进行下去，必须得非常谨慎："保持距离"，他说道[①]。

于是，马斯佩罗别无选择，只能亲自为这部作品的第一版撰写序言，因为他希望这本书能有一篇序言。

无论他们对法农的真实看法如何，塞泽尔和梅米的担忧并非玩笑。法农在他短暂的余生中对自己的活动格外谨慎，这并非出于妄想症或无端多疑。他经常在最后一刻改变他的旅行计划，以规避法国秘密恐怖组织和各种右翼激进分子的暗杀企图。有报道称，他曾预订的飞机被改飞到准备逮捕或暗杀他的地点。《第五年》出版后不久，法国就查禁了这本书并没收了多批书籍，但在每一次没收时，这本书的大多数副本要么被出售，要么被免费分发给法国和法语区的非洲囚犯们。终究，一部社会革命思想的经典还是诞生了。

探究法农的研究的二手文献有一个显著特点：除了像胡赛因·阿卜迪拉希·布尔汉、艾丽斯·切尔基、奈杰尔·吉布森、简·安娜·戈登和阿托·塞基－奥图这样的一些为数不多的学者的研究之外，大多数讨论都是围绕书中的事实而非其主要论点，这导致了另外的元学术层面，即关于事实的事实。阿尔及利亚战争非常类似于萨特在《辩证理性批判》第二卷中提到的一场争斗。由于目击者也是参与者——投入极大的

---

① 这一引用来自切尔基的《肖像》，第131页。梅米随后撰写了一篇针对法农的辩论文章。阿尔贝·梅米：《弗朗兹·法农的不可能的生活》，《精神》，1971年9月，第247-248页。该文由托马斯·卡西雷尔和G.迈克尔·特沃米译成英文，发表在《马萨诸塞评论》，1937年第14卷第1期，第9-39页。然而，塞泽尔留给我们的是一个动人而简洁的叙述，艾梅·塞泽尔：《弗朗兹·法农的反抗》，《弗朗兹·法农：时代的文本》，法农基金会，第109-113页。

个体——争斗仍在继续，因为它使事实也成了竞争领域。但是，这并不是说事件没有实际的事实。只是说，事实处于持续战斗的关系之中。这类似于美国种族问题的争论：人们投入争论的程度使得关于种族主义的那些事实难以显现①。由于我们这本书是关于法农所说的话语，它可以被解释为是关于他所主张的，此处，除非这些事实是他的论点的实际对象，否则，就暂时先让这些事实继续留在争论的位置吧②。

此处作为案例研究提及的法农的论点为他最知名的作品《世界上的受诅咒之人》奠定了基础。尽管一个人的自由、不受规则限制或免于约束可以是得益于他人，但实际上是争取解放的斗争真正地孕育了一个人的自由。积极参与这样的斗争在心理上是健康的。它克服了各种障碍，特别是那些由错误的限制感所强加的障碍。在《黑皮肤，白面具》中首次提出的"发起行动"的呼吁回归了，但它伴随着法农总是铭记于心的激进认可，正如他在《第五年》引言中所述："阿尔及利亚革命的效力在于已经在阿尔及利亚人身上发生的剧变"（《第五年》，第14页）。

在《第五年》的开篇，法农批评了法国批评者们就阿尔及利亚革命的虚伪。作为揭露虚伪的作品，这部作品例证了法农第一部专著中的一个结构性主题：内部的元主题分析的运动。因此，当他写到通过法国征服阿尔及利亚女性来揭示阿尔及利亚时，法农同时也在批判那些法国批评者，他认为，这些人最终应该为他们自己的政治面纱下隐藏的东西感到羞耻。法农的引言指出："这些批评者一方面谴责民族解放阵线的人在罔顾'公平'的情况下进行反击，谴责他们是恐怖分子，另一方面又普

---

① 在这种意义上的"投资"具有精神分析的含义，如阿卜杜勒·詹穆罕默德在他的文集《重新思考社会认同：种族、性别、阶级和种姓》（新德里：劳特利奇印度出版社，2011年）的引言中所指出的那样。
② 即使是目击者似乎也对事实没有达成一致，这从传记中各种不同的受访者的陈述中可以看出，一些作者本人也是目击者。这一点在朱利安的电影和杰马斯的作品中的不同信息来源者的陈述中，以及在布尔汉、科特、切尔基、艾伦、盖斯马尔和根齐尔的传记中很明显，仅举几例。

遍接受通过使用酷刑来维持法国对阿尔及利亚的殖民控制"(《第五年》，第6页)。然而，法农以修辞上的确信结束引言，鼓舞世界上其他地方的人（或许也在鼓舞当时面临内部冲突的阿尔及利亚人）：

> 这不是用野蛮暴行取代野蛮暴行，不是通过碾碎他人来碾碎人类。我们阿尔及利亚人想要发现殖民者背后的人，这个既是施行制度的官员又是受害者的人，这个制度令他窒息，令他陷入沉默。至于我们，我们几个月来一直在解救被殖民的阿尔及利亚人，还他们以尊严。我们把阿尔及利亚人从无情的、长期的压迫中解救出来。我们站起来了，现在正在前进。现如今，还有谁能使我们再沦为奴隶？（《第五年》，第15页）

这些话语充满力量、鼓舞人心。我决定保留"第五年"这个字面标题的一个原因是，法农写这本书时，战争即将结束。他充满了希望，或者至少是对内在矛盾能够自行解决信心十足。他接下来要写的《世界上受诅咒之人》讲述的将是一个不同的故事。但是现在，善意也经由额外的考虑得以标记，因为尽管不断演变的局势并不理想，但法农的基本观点仍然坚定不移：与其保持静止、被贬低、处于从属地位和被殖民，不如进行一场不完美的革命。在争取尊严的斗争过程中已经赢得了尊严。

另一位阿尔及利亚人，雅克·德里达，受到现象学和精神分析学的训练和启发，后来通过他的解构理论指出，一种方法论途径可以有接近无穷无尽的意义表现 [1]。法农现象学则通过在方法论上揭示启发性和变革

---

① 参见雅克·德里达：《柏拉图的药房》，《播撒》，芭芭拉·约翰逊译并作导言和注释，芝加哥：芝加哥大学出版社，1981年。

性的失败，来考察阿尔及利亚社会与法国社会相冲突的方方面面，他把揭示行为本身作为了元批评的对象。这意味着即使是文本对揭示的揭示，一个典型的法农思想的元运动也会引向由征服者造成的焦虑的问题。征服者在面对处于或者至少暂时占据被征服者的位置的可能性时会导致一系列焦虑产生。因此，这项研究超越了一般描述，而是进入了通过参与事件来研究生活经验的领域，更直白地说，通过参与历史来研究生活经验。我们在这里找到了对让－保罗·萨特关于"黑人主义"的描绘的回应之一："虽然是白人创造了黑人，但创造黑人主义的是黑人"（《第五年》，第29页）。换句话说，殖民化并不意味着完全抹去主观能动性和创造力。法农在第一章中通过分析殖民者和被殖民者之间进行斗争的中心场域，同时向内和向外地扩展了这一洞见，超越了物质因素和需求，以及武器和面包的层面——他指出，法国通过问题方方面面的表现将阿尔及利亚社会置于审判之中，却将它自己提升到解放者的位置，问题的这些方方面面的表现归结为：阿尔及利亚女性。

殖民主义的温和形象的表现之一是，道德说教式地宣称保护阿尔及利亚女性免遭其男人的落后的道德主张之迫害。法农在之后的各章中都探讨了这个克服落后（前现代性）的主题，这些章节依次集中讨论了科技、家庭、医学以及阿尔及利亚社会生活中的少数群体。

关于阿尔及利亚女性过去和现在的生活的事实在学术文献中已得到充分讨论[①]。法农对事实的描绘是否准确，这并不影响他在分析中表达的主要观点：如果解放阿尔及利亚女性的方法是强制推行一种制度，使这些女性从属于所有法国人和其他欧洲人，或只有在她们的困境可以被用

---

① 对这些辩论的回顾，参见 T.德尼安·沙普利－惠廷：《弗朗兹·法农：冲突与女性主义》，兰汉姆：罗曼与利特菲尔德出版社，1998年。

来维持阿尔及利亚人（男性和女性）的从属地位时，她们才有价值，那么解放阿尔及利亚女性这件事又如何能够被严肃对待呢？

　　法农通过讨论法国殖民者对戴面纱的看法，揭示了殖民立场的自相矛盾。他的分析同时涉及几个层面：政治、精神分析、现象学和经济。法国人，尤其是法国男性，对能够看见他人、自己却不被他人看见的女性——至少在她们的衣服和面纱下的肉体和面孔上是看不见的出现而感到沮丧。因此，尽管征服者通常处于规定视觉条件的关系当中，但他们至少因这种关系被明显颠覆——一个处于从属地位的女人能够构建自己被看见的条件——而感到恐慌。这个错误需要被纠正，于是，责任被归咎于阿尔及利亚男性。通过使他们成为这种颠倒的虐待制度的罪魁祸首，男性对男性的关系的铭刻被重新确认为恰当的秩序，这使得作为发挥主观能动性的主体的女性消失了。这种制度变成了：法国白人男性想象自己为那些被面纱遮盖的女性而战，如果她们有声音，她们应该更愿意选择不被面纱遮盖。然而，这种情况却因为不戴面纱公开露面的（无论是基督教徒、犹太教徒还是没有宗教信仰的）法国女性的加入而恶化了。她们与所谓的殖民解放者一起，陷入了一种假定的解放秩序中。（在他们当中，有些人反对这一论点，但他们还是成为了法农结论性分析的一部分。然而，实际上，法农思考的是那些与法国白人男性同谋的法国女性。）只要是反对阿尔及利亚男性和为了确认阿尔及利亚的殖民化，他们就一道为阿尔及利亚女性发出战斗呼声。可是，当摘下面纱的阿尔及利亚女性自愿加入时，他们的音调很快又改变了。

　　然而，法农的社会现象学调查走得还要更远，他考察了阿尔及利亚女性在这场斗争中的内心生活。倘若法国殖民主义没有阻碍阿尔及利亚社会变革的历史进程，可能会发生什么，这并不清楚。清楚的是，面纱的含义在《种族主义与文化》中被法农称为"僵化"的那种文化沉淀

（这种文化沉淀以有限的选择为特征）所缠绕。法农实际上是在问：面纱对于阿尔及利亚女性意味着什么？对于那些认为面纱符合规范的人来说，女性生活的现实是什么？

可以说，问题在于，实验室是处于战争中的阿尔及利亚社会，它不仅与法国作战，而且与它自身作战。紧急情况带来了许多惊喜。法国人关于阿尔及利亚女性温顺的假设意味着他们将她们视为没有内心生活或者没有观点的蒙着面纱的生物。对于民族解放阵线的人来说，这意味着当她们在沉重的、层层叠叠的长袍下携带武器和补给品穿过关卡时，她们没有引起怀疑。然而，法农关心的是这些女性这样做时，她们的心里在想什么。这些任务承载着巨大的责任；这对这些女性有什么影响？在这些行动中，这些女性具身是如何显现的？正如我们所见，在现象学中，身体是一种相关的、活生生的现实。那么，那些新的社会关系，那些参与者和解放战争中的士兵的关系造就了什么样的阿尔及利亚女性呢[①]？

法国人发现了戴面纱的密使，这使事情变得更加复杂了。由于戴面纱的女性变得可疑了，于是，关卡检查对没有戴面纱的阿尔及利亚女性的信任度增加了。民族解放阵线的解决方案是让他们的戴面纱的成员揭开面纱，这样她们便能够顺利地避过侦查，通过关卡。法农要求我们注意他在语言上的语法变化。在"揭开面纱的阿尔及利亚女性"这个表述中所使用的被动语态与表述"阿尔及利亚女性揭开了她的面纱"时的主动语态并不相同。女性主义者可能会争论，是否是这些女性自己揭开了面纱，因为作为民族解放阵线的成员或在某些情况下作为民族解放阵线新兵的妻子们，她们可能没有选择。可能存在这种情况。不太可能的是，

---

① 参见德鲁西拉·康奈尔：《面纱背后的秘密：对"阿尔及利亚揭开面纱"的再解读》，《非洲哲学》，2001年第4卷第2期，第27—35页。

她们所有人都是如此。对于那些并非因为她们的反殖民立场而被迫参与民族解放斗争的女性而言，揭开自己的面纱也会给她们的那些同样揭开面纱的其他姐妹带来相似的问题：她们经历了一些新的东西，那就是在不穿戴传统服饰的情况下走在阿尔及利亚的街道上。法农让我们考虑，在这样的行动中，她们的具身显现了吗？对于那些作为民族解放阵线成员的女性来说，"阿尔及利亚女性"这一称谓的意义是什么？这些女性变成了哪种阿尔及利亚女性？我们在这里看到了在每一章中达到顶点的运动：参与斗争为参与者创造了新的身份来生活，同时也为阿尔及利亚社会生活创造了新的可能性。

　　阿尔及利亚民族解放阵线男性领导层犯的一个错误是，他们天真地认为女性能够在参与斗争活动之后直接回归至她们以前的女性角色。这样的艰难尝试与其他国家类似，甚至是像美国这样的征服国家中也出现过这样的情况，美国的女性在第二次世界大战期间参加了传统意义上由男性从事的工作，之后又要面对试图将她们放回到所谓的她们的"位置"上的各种支配力量[1]。这些都是以女性主义运动的形式融入后面的几代人中的新型女性。反殖民斗争将不可避免地导致社会中产生新的斗争形式；而且，后来在阿尔及利亚和南半球的其他地区发生的为遏制新型女性数量增长浪潮的激烈行动也揭示了美国的安吉拉·戴维斯和阿尔及利亚的阿西娅·德杰巴尔所明确指出的：这些女性为争取她们作为女性的自由而斗争，这是反对殖民化和奴隶制斗争的自然结果[2]。正如我们将看到

---

[1]　参见彭妮·科尔曼：《铆钉女工罗西：二战时期在国内前线工作的女性》，纽约：皇冠图书出版社，1995年。

[2]　参见安吉拉·Y.戴维斯：《女性、种族与阶级》，纽约：文特奇出版社，1983年；阿西亚·德巴尔：《谢赫拉莎德的姐妹》，伦敦：四重奏出版社，1988年；阿西亚·德巴尔：《如此广阔的监狱》，贝丝·温，译，纽约：七个故事出版社，1999年。另见纳达·艾利亚：《恍惚、舞蹈与呼喊：非裔女性叙事中的主观能动性与抗争》，纽约：加兰德出版社，2001年。

的，这个论点的结构在法农的最后一部作品中会以预言般的力量回归。

我花了更多的时间来阐述法农对阿尔及利亚女性在民族解放战争中所处困境的讨论，主要是因为它不仅是最具争议的，而且还勾勒了法农的其他分析的运动轨迹。在战争爆发之前，阿尔及利亚人与法国社会几乎处于摩尼教式的对立之中，他们对他们的殖民者提供的大部分东西持怀疑态度。例如，广播是欧洲的技术侵入。由于殖民者在殖民地对新闻实行法西斯级别的控制，关于战况的最新消息一般出现在法国大都市的报纸上。为了了解情况，人们不得不购买法语报纸而不是当地的阿拉伯语报纸。这使得任何一个购买法语报纸的阿尔及利亚人都成了怀疑对象。民族解放阵线的反应是创建移动广播电台，以告知人们各个战线上正在发生的事情。可以理解，这导致了晶体管收音机购买量的激增。对这种技术的使用使得这种收音机的功能不再神秘，因为它们现在被当作民族解放的工具，而不是强加殖民的工具。法国当局试图封锁这些野电台的信号，但是它们的信号仍然不断传输，并且变为第二章的同名词："阿尔及利亚之声"[①]。

在这一点上，具体化的社会关系体现出两个转变的领域：阿尔及利亚社会的视觉显现和听觉显现。事实上，法农是在探索国家身体的转变。与视觉相关的是视觉和言语，他下一步便是探讨社会具身的基本关系的基础，即被人带入社会世界的基本关系的基础：家庭生活。此处，各种各样的其他考虑因素发挥作用，因为具身这个论题不可避免地唤起了人类生活中的性这一问题。家庭不仅是培养规范的场所，也是有性或者至少是管理性结合的结果的场所。在阿尔及利亚民族解放阵线中积极活动

---

① 相关阐述请参阅奈杰尔·吉布森：《在空中跳跃并调谐到革命：〈阿尔及利亚革命第五年〉的无线电辩证法》，《法农：批判性读本》，路易斯·R.戈登、T.德尼安·夏普利－惠廷、蕾妮·T.怀特，牛津：布莱克韦尔出版社，1996年，第273-282页。

的家庭里，父亲面对着双重的权威和从属关系，因为他们现在是一个更宏大的希冀与承诺的秩序的一部分。在涉及女儿的情况下，性调节的语用学则发挥作用，而这至少在一段时间内影响了婚姻和纯洁性的模式。换句话说，在某些情况下，规范正在失去它们的可持续性，在其他情况下则发展出新的可能性。

在进一步讨论之前，很明显，我们看到法农的热情在这一点上占据了上风，显然是因为实际困难，他没有将一切皆揭示出来是出于安全方面的考虑。他没有透露数周甚至数月内战场上所发生的诸多争论；女儿们与男人们一同战斗时所面对的双重的、脆弱的处境；以及那些无法在一夜之间摆脱掉的陈旧风俗。不过，我认为从法农的讨论可以得出一个恰当的结论，即战争刺激了阿尔及利亚家庭的性别动力关系和等级制度中的危机，而在一个更新过的社会机构环境中对这些危机作出反应则意味着它们的演变并没有结束，而是处于自我解决的过程中。我们从今天阿尔及利亚女性的社会范围（从世俗论者到严格的宗教信仰者）了解到了这一点。

接着，法农转向他所归属的专业人士群体，即阿尔及利亚的医生群体。阿尔及利亚人同西方医学有着矛盾的关系，其原因与他们反对技术的理由类似。正如我们在"北非综合症"中看到的那样，与殖民地的医生的接触令人沮丧。问题在于，这些接触和关系在根本上是不对等的。那些来阿尔及利亚谋利（其中的许多人还成为了农民和地主）而非行医的医生使得医疗实践乌云密布，而对于许多真正地来行医的人，又鲜有患者了解康复过程中需要他们积极参与的常规做法。患者们往往期望医生像变魔术一样治愈他们，在一个将某个群体视为凌驾于其他人之上的神，这并不是一个不合理的期望。然而，战场上的新兵需要学习广泛的医疗知识并掌握广泛的医疗技能，从假若腹部受伤，该做什么和不该做什么，到在紧急情况下如何制作急需的医药用品。换言之，参与民族解放斗争揭开了现代医学的神秘面纱，并且培养了阿尔及利亚人与现代医学之间的一种新关系。法农对殖民地的医生和在殖民环境中的精神病医疗实践的讨论揭示了它们的许多不当之处，以至于他在很长一段时间里都是一个不受欢迎的人，正如他在里昂医学院学习期间结交的朋友雅克·波斯特尔所述："当我们的同事弗朗兹·法农去世时，精神病学领域的刊物皆保持沉默……法农的故事是如此的令人震惊和难以忍受，精神病学家们试图彻底压制它，以至于人们最终忘记了法农是一位精神病学家。"①

变革的最终场域是各个少数群体，包括法国白人和其他移民。由于法农的案例是建立在参与的基础之上，像考察阿尔及利亚女性一样，他询问加入民族解放斗争的白人移民身上发生了什么。回到法国白人女性这里，如果她们不是作为解放者维护殖民主义者，而是加入到反殖民的斗争中来，她们身上会发生什么呢？这里，我们不仅看到了法农对普遍人道主义的信仰在发挥作用，还见到了他对后殖民的阿尔及利亚的希冀的表达。他提议建立一个世俗论的、多种族和多民族共生的社会，对他来说，这需要所有人都将国家福祉放在首位。此处，我们看到，法农对现代自由主义问题的早期回应的一个实例，这个问题最早出现在让—雅克卢梭的思想中，即让个人利益服从于更广泛的利益，这些利益经过人们的反思，确实是每个人的更深层次或者更为根本的合理利益，卢梭称之为"普遍意志"②。由于"人民"此处被定义为所有为斗争而战的人，这样的话，参与民族解放斗争的前移居者们应该在该构想中被考虑在内。

---

① 雅克·波斯特尔：《弗朗兹·法农——回首往事》，《精神科历史》，1996年第7卷，第28期，第487页。
② 对卢梭和法农思想中普遍意志的讨论，参见简·安娜·戈登：《克里奥尔化政治理论：通过法农解读卢梭》，纽约：福德汉姆大学出版社，2014年，第95-161页。

法农认为，他们实际上已经改变了，就像他认为参与斗争为阿尔及利亚女性建立了新的具身关系一样：那些能够从有色人种或原被殖民者那里接受命令，在斗争中工作的白人，处于一系列新的关系当中。尽管肤色是白色的，有着欧洲血统，但他们在组织结构上是阿尔及利亚人。或者就像法农所理解的那样。

事实上，他们各不相同。他们其中的一些人，包括法农的传记作者们、同事们和学生们，是阿尔及利亚独立斗争的坚定支持者。法农关注的是查尔斯·杰罗米尼和布雷松·伊冯。杰罗米尼是阿尔及利亚独立的积极拥护者，是法农在突尼斯神经精神医学日间诊所的一名实习生，曾与法农密切合作，并与法农进行过合作研究[①]。布雷松·伊冯是一位因目睹了法国的暴行而发生转变的前警官。他成为了民族解放阵线的特工，后来被捕了，他在被判刑时宣布："我不觉得我背叛了法国。我是阿尔及利亚人，我和所有阿尔及利亚人一样，曾与殖民主义作斗争并将继续与之战斗。作为一个有良知的阿尔及利亚公民，我站在爱国者的身旁。这就是我所做的事情"（《第五年》，第171页）。

然而，法农选择两位加入斗争的非犹太裔法国人并非偶然。许多实际自愿加入斗争，并且与法农有密切联系的人，例如雅克·阿祖莱和艾丽斯·切尔基，都是犹太人，这使得法农在军队中始终不断地同反犹论和反犹情绪作斗争。由于20世纪50年代以色列的报复行动、1956年的苏伊士运河危机以及该地区反以色列主义的爆发，这些问题已经变得更加复杂。这无疑是斗争中的犹太人面对的一个"第二十二条军规"的处境；他们的存在使反犹分子在意识中把他们与阿拉伯人融合在一起，这

[①] 弗朗兹·法农、查尔斯·杰罗米尼：《日间住院在精神病学中的价值和限制》，《突尼斯医学》，1959年第38卷第10期，第二部分：理论思考。

些反犹分子将犹太人和信仰伊斯兰教的教徒视为一个统一体。另一方面，犹太人又面对着这样的情形——阿拉伯人（信仰伊斯兰教的教徒和基督教徒，尽管这个混合体中确实有犹太裔阿拉伯人，虽然这个名称已经不通用了）将他们视为以色列与西方的另一个不同的统一体的成员①。

法农用结尾的一段斜体文字揭示，像大西洋彼岸只比他小四岁的年轻黑人马丁·路德·金一样，他也有一个梦想：

> 革命，其核心，是真实，正是因为它改变了人，更新了社会并且推进了它的发展。它是创造新人性的氧气。阿尔及利亚革命正是如此。（《第五年》，第 174；原文斜体）

如果不是法农在这些问题上留下了他对这些问题的额外说明，历史，尤其是就这最后一点，本会嘲弄他。这个说明超越了阿尔及利亚人的处境问题，涉及去人性化的更广泛的政治涵义，法农将他从非存在地域得出的第一项重要主张献予这个说明，它是 20 世纪关于该主题的最有力的声明，也是我们现在转向的最后一个议题。

---

① 在 1967 年的阿拉伯－以色列战争期间，萨特面临类似的情况。参见约阿夫·迪－卡普阿：《阿拉伯存在主义：去殖民化思想史上无形的一章》，《美国历史评论》，2012 年第 117 卷第 4 期，第 1088 页。

第五章　劝告被诅咒的人

我不喜欢囤积资源的人。

——弗朗兹·法农

1960 年，三十五岁的精神病学家、二战老兵、两次因英勇而获勋章的法农被任命为阿尔及利亚临时政府驻加纳大使。在此之前，他将他人生中的六年投身于争取独立的斗争以及塑造阿尔及利亚临时政府的国际形象，包括撰写了《阿尔及利亚革命的第五年》。当时，世界已经发生了很大的变化；显然，阿尔及利亚即将实现国家独立，而在法农的故乡加勒比海地区，革命精神已经开始生根蔓延。古巴革命（1959 年）对门罗主义提出了相当大的挑战，门罗主义是一项帝国宣言，确立了美国对加勒比海和拉丁美洲的霸权控制。随之而来的是发生于马提尼克和瓜德罗普的民众骚乱，法农在他 1960 年 1 月发表的文章《鲜血在法国统治下安的列斯群岛流淌》中纪念了这些事件①。根据大卫·考特和帕特里克·艾伦的说法，对法农来说，这些事件意味着他有可能参与加勒比地区日益

---

① 该文可在《为了非洲革命：政治著述集》中找到，该书由约瑟芬·法农编辑，于 1964 年在巴黎弗朗索瓦·马斯佩罗出版社出版，英文版由哈康·谢瓦利埃翻译，于 1967 年在纽约格罗夫出版社出版。

发展的革命运动。他开始寻求被任命为阿尔及利亚临时政府驻古巴大使的机会。考虑到马提尼克已经变成了法国的海外省，古巴是一个合乎情理的选择。作为法国政府通缉的敌人，法农无法移居到加勒比海的任何一个岛屿，除了古巴，因为其他岛屿要么是法国的海外省，要么是法国的盟友。如果法农的申请成功，我们能够想象可能会发生什么。

唉，遗憾的是，事情并不如他所愿。他向阿尔及利亚临时政府提出的申请被拒绝了。然而，除此之外，还有一个反方向的变化。法农四处奔忙，为民族解放阵线组织物资供应路线，为民族解放阵线的成员们提供医疗和军事训练，撰文回应法国的宣传和鼓吹（还包括民族解放阵线的一些反宣传），以及参与无数场战略会议和内部争论。这些事情不可避免地对法农产生了影响。这位伟大的革命家看起来非常疲惫。

如今，法农的一张广受欢迎的照片出现在多本专门介绍他的生平、思想的著作以及他自己的一些作品的封面上，包括 1991 年加利马尔平装版的《世界上的受诅咒之人》。这张照片是一张放大版，整张照片凸显了他的脸部（见图 5）。

原始照片是从远处拍摄的，展示了法农难得一见的形象，他当时没有穿系扣衬衫，也没有打领带（见图 6，图像被反转了，但实际上已调整到了合适的角度）。

然而，令人震惊的是法农的另一张更具启示性的照片，显然这张照片与上一张照片来自同一次会议。法农坐在椅子上，衣服宽松，露出了他枯瘦憔悴、贫血虚弱的身躯（见图 7）。

图 5　各种图书封面上的弗朗兹·法农　图 6　法农照片，图像已反转、
照片，这张照片颇受欢迎　调适

图 7　弗朗兹·法农（左二）与罗伯托·霍尔登和阿卜杜勒阿齐兹·布特弗利卡

法农的这张照片展现了他鲜为人知的一面。在其他照片（图 8 和图 9）中，法农衣着整洁，通常穿着西装[1]。

图 8　弗朗兹·法农

图 9　弗朗兹·法农通常呈现的形象，穿着西装，打着领带

但是，在图 5、图 6 和图 7 中，法农不修边幅，头发凌乱，从图 7 的长框版本来看，他坐姿倾斜。这些照片的持续重印可能是偶然因素的结

---

[1]　他非常关心自己的外在形象，以至于在担任北非精神病学主任医生时，为了避免被北非炎热的天气打败，他经常换西装。详情参见艾丽斯·切尔基：《弗朗兹·法农：肖像》，纳迪娅·贝纳比德，译，伊萨卡：康奈尔大学出版社，2006 年。对于法农从青少年时期到他临终的最后一段时间的照片集，可参阅《无国界》（1982 年 2 月）特刊，这是纪念他逝世二十周年的一期纪念刊。

果，这些照片出现在关于他和他本人撰写的各种文本的封面上——例如，从任何一个阿尔及利亚大使馆都容易获得照片重印许可——然而，照片本身也呈现了一个强大的、打破旧习的，同时也是凡人的人物形象。这个人的人性显现，是在他面对他受到的种种限制时的英勇斗争。他侧视着，似乎在怀疑着什么，他略微紧绷的下巴和眯起的眼睛透露出一丝焦躁、蔑视，或许还有鄙夷。

图 10 《法农：批评读本》的封面

在那张经常被重印的照片中，法农正在倾听着什么，这些东西让他在他不懈的斗争中感到焦虑不安，正如他经常说的那样，"解放人类"。在《法农：批评读本》（1996 年）的封面上，我和我的合编者引用了他的一封信件中的几句话，"作为人，我为了阐明关于世界的两三个真相，承担了面临湮灭的风险"，放在了照片的左下角，照片来自《无国界》评论中关于法农的一期特刊（图 10）。

法农谈到了湮灭和死亡。确实，他看起来不太好，他的同志们也开始这样告诉他。毫无疑问，医生是最不愿意寻求医生帮助的人。最终，当他在马里为阿尔及利亚临时政府物资供应路线提供保障时，他病倒了，不情愿地询问了自己的健康状况。

结果呢？粒细胞白血病。用更通俗的话说，就是血癌。

法农对这一诊断并不感到惊讶。他已经怀疑一段时间了，因为他在圣阿尔班医院养成了检查自己血液的习惯，而且阵发性的突然疲劳令他非常担忧。尽管如今白血病的治疗有了很大进步，但在法农的时代，能做的最好的治疗就是通过输血维持病人的生命，并尽最大努力让他活得尽可能更久一些。临终前，能做的最好的事情是用止痛药减轻病人的痛苦。法农该怎么办？他是一个声名狼藉的革命家，也是欧洲殖民主义的坚定的批评者，但是他需要的医疗护理超出了民族解放阵线在突尼斯所能提供的设施的资源范围。第一个选择是寻求苏联的医疗帮助，苏联是一个支持民族解放阵线的国家。1960 年 12 月，他去了苏联，在那里接受治疗，但是，医生对他的病情的预断是确定的，他只能活几个月了。医生建议他休息。

可是，说真的。法农。休息？

法农利用他的病假提供的机会，参观了苏联的精神病院。他对自己看到的情况感到非常失望。布尔汉写道："这些治疗机构中的紧身衣、带护栏的窗户和沉闷的房间让他想起了他刚到布利达－让维尔医院时的情景。他的观察使他相信，对受困心灵的真正的康复尚待发现。"①

实际上，法农剩下的时间竟然不止几个月，是将近一年。苏联的医生建议他去马里兰州贝塞斯达的国家健康研究院寻求治疗，那里有最先进的白血病治疗技术。法农当时的回应充满了传奇色彩。他拒绝在他所称的"私刑者之国"寻求救助②。他的话语可以有多种解读方式。一种显而易见的解读方式是基于他对美国种族主义的谴责，美国的种族主义以其残酷暴虐而闻名，这一点从私刑史和美国对民权运动的暴力压制中可以看出，民权运动当时正引发了国际关注。法农并不赞成比较种族主义的做法——例如，美国的反黑人种族主义是否比法国的反黑人种族主

---

① 胡赛因·阿卜迪拉希·布尔汗：《弗朗兹·法农与压迫心理学》，纽约：普列纳姆出版社，1985 年，第 34 页。

② 胡赛因·阿卜迪拉希·布尔汗：《弗朗兹·法农与压迫心理学》，纽约：普列纳姆出版社，1985 年，第 34 页。

义"更糟糕",以及南非的种族主义是否比这两者都"更糟糕"——这表明,他的评论还有其他意味。还有另一种解释。法农是一个娶了白人女性(尽管是科西嘉和吉普赛血统)的黑人男性[①]。美国实行私刑的基本理由不仅包括宣称黑人男性掠夺白人女性,还包括指责黑人违反反跨种族通婚法,这些法律中有许多条例是在1954年美国最高法院推翻种族隔离后颁布的[②]。在1961年,黑人和白人之间的性关系是争议的来源[③]。更糟糕的是,贝塞斯达位于马里兰州,我们应该记得,马里兰州是美国南部的一部分。即使是在哥伦比亚特区,这个国家的首都,种族隔离也是规则。

　　回到突尼斯后,在克带德·朗兹曼和马塞尔·佩茹的鼓励下,法农立即着手进行几项研究工作,包括后来成为他最终的也是最有影响力的作品《世界上的受诅咒之人》[④]。正如大卫·考特所述,法农还希望撰写一部关于死亡和垂死的著作。据说,他在十周内完成了《世界上的受诅咒之人》。这是一部充满激烈文字,富于基层政治经验、现象学描述,拥有广阔历史视野和理论精确度的作品,时而也会出现冰冷的辩证逻辑,它是一部政治思想经典,也是一部政治书写杰作。在任何一个年纪取得这样的成就都足以令人瞩目,但它却是由一位临终的三十六岁革命家在图书馆和其他研究资料有限的情况下,在十周内完成的。就像法农当初

---

① 种族主义的历史是这样的,并非所有的白人都足够"白",这经常导致有反种族混合法律的国家出现了一些奇怪的异常现象。参见露丝·弗兰肯伯格:《白人性的社会建构:白人女性,种族问题》,明尼阿波利斯:明尼苏达大学出版社,1993年。

② 卡琳·弗卢尔-洛班:《种族与种族主义》,兰汉姆:阿尔塔米拉出版社,2006年。另见安吉拉·Y.戴维斯:《女性、种族与阶级》,纽约:文特奇出版社出版社,1983年。

③ 尽管由于许多国家废除或推翻了反种族混合法律,环境已经大大改善,但是不同国家民间社会的宽容程度各不相同,而且事实仍然存在,正如我们所看到的,跨种族婚姻中占比最少的是黑人与白人之间的婚姻。

④ 参见帕特里克·艾伦:《弗朗兹·法农:一部精神传记》,纽约:十字路口出版社,2000年,第156—157页。克劳德·朗兹曼和马塞尔·佩茹是第二次世界大战期间为抵抗法国而战的知识分子,他们致力于阿尔及利亚的民族解放斗争。兰茨曼今天最为人所知的是他作为纪录片制片人的工作,包括关于大屠杀的纪录片《大屠杀》(1985年)。

撰写《黑皮肤，白面具》一样，他的妻子乔西负责打字和编辑这部口述作品。这部作品至少是一项普罗米修斯式的成就。

这部作品的标题把他的文本与《国际歌》（1871 年）联系了起来，《国际歌》是欧仁·艾德内·鲍狄埃的诗歌，《世界上的受诅咒之人》的法语标题最初似乎就是借鉴了这首诗，正如我们将看到的，它与这首诗的结尾相似。观察鲍狄埃诗歌第一节的第一行诗句："站起来，世界上的被诅咒之人！"，以及第六节的最后四行诗句：

> 这是最后的斗争
> 让我们团结起来，明天
> 国际共产主义的理想
> 一定要实现

法农的探讨（指其思想或理论）不是模仿，而是通过唤起（一个具有讽刺意味的布鲁斯主题）来进行的重申和重新构思。法农对萨特《黑人俄耳浦斯》中令人窒息、意指死亡的辩证主义感到失望，他的版本超越了仅限于无产阶级政治的简化主义。他的政策干预借鉴了非洲流散背景下的革命思想，包括海地诗人雅克·鲁曼通过他自己的诗歌《肮脏的黑人》（收录于他的诗集《黑檀木》）完成了他对鲍狄埃的诗歌的改编——这一改编用一个词来总结，就是"黑人化"（blackening）[1]。鲁曼对结尾诗句的构思让人想起杜波依斯对肤色线界限的反思，而且，它更符合南半球人民所经历的政治现实。

---

[1] 雅克·鲁曼：《黑檀木》，海地太子港：H. 德尚普斯出版社，1945 年。该书于 2003 年在蒙特利尔由墨水记忆出版社重印。此处的页码参考的是 2003 年的重印版。另见彼得·沃斯利：《弗朗兹·法农与"流氓无产阶级"》，《社会主义纪事报》，1972 年第 9 期，第 197 页。

我告诉你，可能已经太迟了

就连汤姆叔叔那样的黑人也学会了

国际歌的语言

因为我们已经选择了我们的日子

肮脏的黑人的日子

肮脏的印度人的日子

肮脏的印度教徒的日子

肮脏的印度支那人的日子

肮脏的阿拉伯人的日子

肮脏的马来西亚人的日子

肮脏的犹太人的日子

肮脏的无产者的日子

我们就站在这里

世界上被诅咒之人。

显然，法农通过鲁曼唤醒了鲍狄埃。

世界上的受诅咒之人

虽然法农的文字依然充满力量，但《世界上的受诅咒之人》最初是他对理论家和元理论家之间紧张关系的双重结构的偏离，这种双重结构在他以往的著作中非常明显。在这部作品中，理论家和元理论家这两种声音相互交融、贯穿始终。这是一位革命家的声音，从他的言论看，人们可能以为他有七八十岁了。

法农反对把殖民主义、奴役和种族主义的目标说成是一种追求下流——制造快乐的奴隶，这些人赞颂他们自己被降格，这些被去掉人性化的生物在压迫性的环境中就仿佛"在家里"一样。限制他们的选择，封闭世界，他们就会去尝试生活——如果人们会将这称之为"生存"的话——在肉体可以触及的范围和"石化"的存在的陷阱中生活[1]。选择、思想、梦想、行为，这一切都指向内部，对于其他从这种诅咒中解放出来的人来说，这些关注则指向世界。于是，法农便以描述被殖民的人民在生活中抱有的这种怪诞期望所展现的暴力开篇。回想一下法农对种族主义背景下自我 - 他者动力关系的分析。种族主义将一群人置于这种关系之下。所以，自我与他者的关系——伦理责任经由这一关系产生——同时也涉及到在这种制度中已经拥有人类地位的那些人。然而，反黑人种族主义正是把黑人置于这种关系之下。作为既非自我也非他者的存在，黑人为了在这样的制度中显现所作的努力就变成了对它的反抗。于是，他们遭受着非法显现的痛苦。那么，期望被这种制度去除人性的那些人通过其合法性规则来改变这个体制，这就变得毫无用处了。因为他们被称为不合法的存在，任何促进他们显现的东西都将是如此。因此，不快乐的被殖民者或被奴役者便是那些不接受他们在制度中的"位置"的人。法农基于他的这一评论，进一步指出了具有挑战性的观察，去殖民是一个摩尼教式的暴力过程，它使西方价值观的"希腊 - 罗马基座"（《世界上的受诅咒之人》法语版，第 77 页）显得荒谬，因为如果这些价值是殖民化的工具，它们怎能把自己合法化为除它自身的救赎以外的其他东西呢？面对巨大的财富，却处于被强加缺乏和贫困的情境中，到处充满被搁置的新旧价值观——在这样的一个世界中会发生什么？在一个没有价值观的世界中，不是一切都可能被允许吗？还有什么比这样一个世

---

[1] 鲁曼的《黑檀木》，第 33–34 页。

界——一个到处是贫穷、财富、去人性化和声称不存在限制的世界——更有可能引发暴力呢？

这些问题的提出要求直接从内心生活中的主体间关系来探讨人类关系，换言之，直接从存在于关系之中的视角，即在社会世界中存在的经验的视角来探讨人类关系。法农向谁提出了这些问题？在某种程度上，他向每一个人提出了这些问题。另一方面，他特别向那些似乎最先站在解放（就像他倾向的表述那样，解放人类的）斗争一边的人提出问题。殖民主义实际上使一群人成为神，使另一群人成为低于动物的生物，使他们至多成为次人类。法农认为，暴力有一种净化效果，使殖民者缩小规模。这种缩小是被殖民者经历的一种平等化效果，他们将它作为一种上升形式。引导希腊－罗马基座自己反击自己，反击压迫的暴力因此便有着净化作用，这与亚里士多德在他的《诗学》中讨论悲剧时所使用的"净化"这一术语在意义上是相似的（1449 页）①。

古希腊悲剧的一个特征是糟糕可怕的事情发生在好人身上，甚至是英勇的人身上。G. W. F. 黑格尔曾指出，半神的人性是通过"权利"的冲突，在伦理和道德相互撞击并且崩溃的情况下得以展现的。换句话说，人面临着弗里德里希·尼采后来所描述的价值观重估，即人意识到自己对价值观负责的事实②。可以说，这种对价值观的重视与评估回到了以下这句古老的格言，即展示一个人的本色，一个人最终的立场。除了行为

①　法农在《世界上的受诅咒之人》的许多地方使用这个术语来表示僵化、时间的崩溃，参见第110页。对法农的僵化——停滞的存在——的理论的分析，请参阅道格拉斯·费塞克：《对法农与僵化的反思》，《活着的法农》，奈杰尔·吉布森，译，纽约：帕尔格雷夫·麦克米伦出版社，2011 年，第75-84 页。

②　法农著作中这种对戏剧的唤起并非偶然，如乔比·法农：《我的兄弟弗朗兹·法农：医生、剧作家、革命家》，丹尼尔·内瑟里，译，兰汉姆：列克星顿书局，2014 年，第 12 章 "剧作家"，第57-62 页；基斯利·菲尔莫尔·伍尔沃德：《为了解放表演理论：弗朗兹·法农作品中的戏剧、戏剧性和 "游戏"》，纽约大学博士学位论文（法语），2008 年。另请参阅阿托·塞基-奥图：《法农的经验逻辑论证》，剑桥：哈佛大学出版社，1996 年。尤其参见该书的第 4-5 页。此外还有亚历杭德罗·J. 德·奥托《法农：后殖民主体的政治》的第二章以及沃斯利的文章《弗朗兹·法农与 "流氓无产阶级"》。

法农说了什么

本身，它并不提供其他保证。此处，法农对亚里士多德和黑格尔的回忆并非偶然。正如阿托·塞基－奥图所认为的，法农很清楚，殖民主义表达了一种亚里士多德式的对立逻辑，而非黑格尔的矛盾辩证法：

> "关于暴力"一方面对黑格尔的《精神现象学》进行了释义，另一方面则对他的《逻辑学》进行了戏仿。虽然它从黑格尔的叙述中学习了如何尊重并怀疑直接知识的立场，但它似乎并不愿意赞同在黑格尔体系中授权这种策略性关怀和终极怀疑的逻辑－本体论命题。因为，根据"关于暴力"的著名表述，文本要求"稍微延伸"的不仅仅包括马克思主义版本的辩证推理，它似乎也在追逐黑格尔本人。年轻的马克思曾以一种诙谐讽刺的方式回应黑格尔的调解"寓言"之令人迷惑的调和作用，他说道，"真正的极端无法被精确地调解，因为它们是真正的极端。它们也不需要调解，因为它们在本质上是对立的。它们没有共同之处，它们不需要彼此，它们也不相互补充"。因此，法农的文本告诉我们，对殖民背景、对殖民者－被殖民者关系的决定性逻辑最真实的见证者不是黑格尔，而是亚里士多德[1]。

我们应该记得，黑格尔在《精神现象学》中的研究对象是现代性及其进程的合法化。作为对现代人性的欧洲描绘，它同样诞生自欧洲内部，而且在将它的前现代逻辑运用于殖民地的同时，又从这些殖民地获取物质支持，这样的话，它会得出什么结论呢？矛盾的是，逻辑与前逻辑的

---

[1] 我在《法农与欧洲人的危机：一篇关于哲学与人文科学的论文》（纽约：劳特利奇出版社，1995年）第四章中深入讨论了这一论点。

结构是一种逻辑形式，二者同时共存。这便引发了一个问题：如果对立逻辑被矛盾所取代，这对被殖民者意味着什么，由其是当黑格尔逻辑在殖民背景下处于自身与现实的矛盾关系的悖论之中。这是塞基－奥图所作的戏仿。它反映了法农的首部著作中讨论的殖民背景下人文科学的种种失败，此外，它体现了法农始终提醒我们注意的一点，即我们应该反对殖民社会和种族主义社会中的改革主义，人们没有看到被殖民和被种族化的主体及其统治者都需要一个去殖民的、非种族主义的社会来具象和实现他们的人性。

此处，亚里士多德的逻辑应该受到一些限定，因为是他的《工具论》中的逻辑在起作用，对他来说，这涉及到形式理论推理（不可能以其他方式的）vs. 实践理性（可能以其他方式）。涉及伦理、政治和诗学的美好生活植根于实践理性。然而，黑格尔的《逻辑学》寻求的是完全克服、绝对整合，以及消除这种二分法。联系我们之前对人文科学的讨论，我们可以将这种紧张关系重新表述为，承认理性的不完整性 vs. 用轭将理性束缚于理性的形式完整性上。问题是，人能否在理性的形式完整性中生存呢？

其实，法农不仅仅是在同被殖民者讲话，过去，被殖民者作为行动实体站在殖民地诸神面前时，恐惧和痛苦地无法动弹。他还在同批评革命暴力的那些人讲话，包括似乎支持武装斗争的弗里德里希·恩格斯等人。为什么是恩格斯？这位马克思主义革命家在他的著述中将国家描绘为一个暴力机构，同时也是一个由暴力形成的机构，克服暴力将结束奴役和异化 ①。法农之所以反对这一观点是因为，它从外部以一种工整的理性化来处理问题。正如我们所看到的，对于法农而言，人类世界是凌乱

---

① 塞基－奥图的《法农的经验逻辑论证》，第 55 页。

的，充满了偶然性，甚至于，人类行动和人类关系的意义需要一种丰富的社会理解，换言之，一种社会发生学解释。

法农之所以批评恩格斯的观点，还有另一个原因。让我们回忆一下他对萨特将封闭的辩证法应用于黑人主义研究所作的批评。恩格斯的观点相当于把封闭的科学强加于人类世界。以他对国家的见解为例。法农的反应是黑人激进思想的一个经典例子。白人可以反对那些有助于他们的那种现代生活得以实现的组织社会生活的机制。尽管接受或拒绝是他们的事，但事实是，他们如果将自己的历史处境应用到他们所剥削的人民身上，这是谬误的。欠发达国家和第三世界国家的人们的处境与欧洲人、北美白人、南美人和澳大利亚白人截然不同。他们不会在剥削了这些大陆的资源、转移了大量人口劳动力，并迫使这些大陆上的人民陷入欠发达之后做决定。像我们看到的，法农认为，我们面临的工作不仅仅是建立能存活的的国家，这将意味着这个观点——国家本身在本质上是暴力的——可能没有相关性；而且，通过法农献身于激进民主的事例可知，法农认为我们面临的工作还包括实现这样一种可能性，即人们可能如此富有创造力，因此他们实际建立的机制可能与迄今为止已设想过的任何机构截然不同①。换言之，对于法农来说，"国家，尤其是现代国家，可能是什么?"这是一个开放的问题，这使他对恩格斯的批评最终变成了反对将先验概念置于明显偶然的现实之上。再换句话说，恩格斯没有意识到历史条件并不总是相同的。奈杰尔·吉布森很好地总结了法农的观点。

---

① 弗里德里希·恩格斯：《家庭、私有制和国家的起源》，特里斯特拉姆·亨特，译，纽约：企鹅经典，2010年；弗里德里希·恩格斯：《反杜林论：尤金·杜林先生的科学革命》，纽约：国际出版社，1966年，第二部分，第3章。参见弗朗索瓦·法农：《世界上的受诅咒之人》（让-保罗·萨特作序，热拉尔·沙利昂德作简介），巴黎：弗朗索瓦·马斯佩罗出版社，1961年。我的引用来自1991年在巴黎由伽利玛出版社出版的版本，来自第95-98页，第254页。

在法农的逻辑论证法中，主体性的重要性并不意味着法农在一个浪漫的幻想（即我们会即刻理解那些复杂的问题）之下进行论证。正如我所认为的，对于法农来说，逻辑论证的实践是我们必须付出艰苦努力才能进行的工作。没有先验的答案，也没有简单的解决办法。打破摩尼教式思维方式的自我意识不会也不能一蹴而就。知识分子的作用不是机械地将一切归于意识，而是努力消灭一切将"被诅咒之人"视为"无序"和落后的意识形态①。

法农认为，使社会变革合法化的是主权掌握在人民手中的程度如何，这也是决定人们能够建立什么样的国家机制来组织社会生活的关键因素②。此处，法农对那些自称为盟友（就像萨特通过《黑人俄耳浦斯》表示的那样）的理论家们提出质疑：一些形式的帮助，虽然在这种情境下是革命的，但在另一种情境下却可能是反革命的。接下来，让我们看看他的具体分析。

法农认为，殖民地现状是亚里士多德式的隔离和监管分界结构所划分的一个自相矛盾的说法。当地人民眼睁睁地看着他们周围的土地被别人偷走或通过阴谋诡计和不义的战争被谋取。移民们则认为自己只是在进行合法交易，这些交易赋予了他们这些土地的所有权。于是，"权利"斗争的舞台已然搭建好——既有来自不同制度的法律主张，也有针对盗窃和不义获取的共同的道德主张——这场斗争不亚于悲剧，其中一方必

---

① 理论化和发展这一质疑的重要性仍然存在，正如奥卢费米·泰沃最近的介入所说明的那样。奥卢费米·泰沃：《殖民主义如何打断了非洲的现代性》，布卢明顿：印第安纳大学出版社，2010年；奥卢费米·泰沃：《非洲必须现代化：一个宣言》，布卢明顿：印第安纳大学出版社，2014年。

② 奈杰尔·C.吉布森：《南非的法农式实践：从史蒂夫·比科到住在棚屋里的阿巴哈拉利人》，纽约：帕尔格雷夫出版社，2011年，第207页。

定会输。殖民主义的胜利将会是暴力的继续；被殖民者的胜利将会是针对殖民势力的现实暴力。这就是法农认为去殖民是一个暴力现象的原因：等式的任何一方都带有暴力。所以，情况是悲剧性的。然而，批评者可能会说，问题的关键在于手段，而非目的。法农的回应直截了当：用来为殖民者和殖民政府制定适用措施的标准其本身是缺乏挑战的。这是因为这样一个制度并不不会认为自己是不合理和不公正的，这意味着从它的角度来看，如果它被推翻，那将是不公正的、毫无根据的、违反规范和秩序的——用一个词来说，就是暴力的。因此，法农著名的充满力量的开篇语句："民族解放、民族复兴，将国家归还给人民、归还给全体国民——无论引入的标题或者新规则是什么，去殖民往往是一个暴力现象"（《世界上的受诅咒之人》法语版，第65页）。

批评《世界上的受诅咒之人》第一章《论暴力》的学者经常忽视的是，法农并不是在主张暴力是革命手段，或者暴力本身是革命的。他对宣扬暴力毫无兴趣，这一点不仅已被艾丽斯·切尔基指出，而且，讽刺的是，也曾被法农以前的老师、有时令人压抑的岛屿元老艾梅·塞泽尔指出，艾梅·塞泽尔反思道，法农的思想"当被视为（在探讨）正义、纯洁、不妥协的暴力时……不存在悖论……；我们必须理解（他的反抗是伦理的，他的方法是由他的广阔胸怀所驱动的）"[1]。法农揭示了他平常了解到的艰难现实，尽管这一次是在辨识冰冷的亚里士多德逻辑方面：正如法农所言，去殖民暴力只不过是在"一种'物种'的人被另一种'物种'的人所取代"的过程中表现出来的样子（《世界上的受诅咒之人》法语版，第65页）。

---

[1] 简·安娜·戈登：《克里奥尔化政治理论：通过法农阅读卢梭》，纽约：福特汉姆大学出版社，2014年。该著作对这一论点进行了详细分析。

我们应该记住，对立包括同一范围内的两个对立面："全部"和"无"涉及整个范围。因此，这种痛苦的替代过程将整个社会卷入有限选择的压力之中，尤其是迫使那些生活在与制度的现存机制有直接接触的人去揭示那些例外，那些揭露矛盾冲突的例外，用法农的话来说，就是"真相"。以殖民国家与被殖民者之间关系的具体表现为例：警察。殖民者们将警察视为他们的保护者，而被殖民者则将他们视为残酷武力支持的双重标准之网中的迫害者。那么，随之而来的冲突意味着，"歹徒"的身份落在了除殖民者之外的所有人身上，而且，当国家将非法者进一步划分为国家所有和非国家所有时，国家的背信弃义便暴露无疑。与《共产党宣言》中的经典马克思主义观点——它将流氓无产阶级视为"危险的阶级"，视为应该不惜一切代价避免产生的不道德的渣滓——相反，法农认为有必要将他们组织成为争取民族解放斗争中的凝聚力量[1]。法农此处说了"有必要"，这实际上体现了他在"伦理服从于政治"这一问题上的见解：在他这里，流氓无产阶级的"道德品行"变得没有相关性。

伦理和道德坍塌的原因有很多，其中之一是欧洲及其在全球范围内的体现形式所设定的种种标准：这些标准对当时第三世界或欠发达国家的自然资源和劳动力的血腥移用和掠夺——包括这些国家被强制处于欠发达的状况中。西方国家并没有为此付出代价。赔偿实际上也不过是让这些国家的人们根据他们自己的价值观行事，西方国家拒绝尊重这些人民的价值观，利用的主要方式便是不承认这些人的人性，而人性这一资源恰恰是这些国家从他们身上窃取去的。因此，道德诉求这一假设毫无意义。法农写道：

---

① 艾梅·塞泽尔：《弗朗兹·法农的反抗》，《弗朗兹·法农：时代的文本》，法农基金会，第110页。该文最初发表于《青年非洲》（1961年12月13—19日）。

欧洲实际上是第三世界的创造。让她窒息的那些财富是从欠发达民族那里偷来的。荷兰的港口、波尔多和利物浦的码头专门从事奴隶贸易，它们因数百万被驱逐的奴隶而闻名。所以，当我们看到某位欧洲国家的元首把他的手放在他的心口上，宣称他一定会帮助贫穷的欠发达民族时，我们并不因感激而颤抖。相反，我们会，"这只是欧洲欠我们的赔偿"（《世界上的受诅咒之人》法语版，第 137 页）[1]。

然而，摆脱殖民占领并不等同于实现独立。

法农因此带我们进入了在公开宣布去殖民的时刻要面对的世界。他的观点是，在胜利时刻缺乏基础设施，无论是在土地层面还是在思想层面，都会由于第三世界精英阶层的支持肯定大都市而导致新殖民主义局势出现，对这种情况的反应需要动员农民和所谓的流氓无产阶级进行革命——这引起了人们对"异端马克思主义"的抗议[2]。彼得·沃斯利将法农的观点解读为：它也在探讨正统马克思主义构想日益过时这一问题。与法农观点一致的人包括许多的非裔理论家，他们警告道，不要将人们强行塞进先入为主的范畴，而是要构建与人们的生活现实相协调的概念。尽管法农的回应发表于 1972 年，但却非常有前瞻性，而且只要在统计和统计人群体方面稍作调整，便可以很好地应用到 21 世纪的相关情况。尽管原文有些长，但很值得在此作展示：

---

[1] 参见卡尔·马克思、弗里德里希·恩格斯：《共产党宣言》，《马克思－恩格斯读本》（第 2 版），罗伯特·C.塔克，普林斯顿：普林斯顿大学出版社，1978 年，第 482 页。

[2] 尤其参见杰克·沃迪斯：《新革命理论：对弗朗兹·法农、雷吉斯·德布雷和赫伯特·马尔库塞观点的评论》，纽约：国际出版社，1972 年。

是时候了，他们（正统马克思主义者）应该停止用 19 世纪的眼光来看待 20 世纪。当代第三世界的一个主要特征是城市人口的爆炸性增长，这些人口由来自乡村和小镇的移民组成，他们无论在职业上——他们长期处于失业或未充分就业的状态下，还是在政治文化上——他们没有吸收既定城市工人的生活方式和心态，都还没有成为既定的无产阶级。像印度和中国这样的国家确实是以农民为主的社会，但是在阿根廷、智利、委内瑞拉和乌拉圭，超过百分之四十的人口居住在有二十万以上居民的城镇或城市中。一些城市甚至拥有相当发达的工业：例如约翰内斯堡或圣保罗。但是，大多数城市无法将不断增长的人口吸收到生产性就业中，因为它们是工业欠发达城市。旧世界的城市在相继发生工业革命的时期人口同样呈爆炸性增长。长远来看，它们能够吸收这些新增人口，因为它们是扩张中的经济体，无论它们经历哪些起伏。

新兴的第三世界城市无法应对人口洪流，除了通过无情的控制来保持人口流入与城市劳动力的需求相一致的那些城市。因此，尽管在约翰内斯堡存在种族隔离和班图斯坦政策，但非洲人的人口在 20 世纪 50 年代仍然增加了五十万人。每年，成千上万的新增人口涌向贫民窟、贫民区、棚户区、临时营地等贫民区，无论这些地方在当地的名称叫什么，这些地方的棚屋都是由硬纸板、压扁的汽油罐和旧包装箱搭建而成的，这成为了贫民区生活的普遍现象。无论我们用什么名称来描述这个社会类别，都到了要放弃使用高度侮辱性、不准确的和分析起来令人困惑的马克思主义术语"流氓无产阶级"——它非常常用的时候了。在描述这些"未伴随工业化的城市化"的受害者方面，"下层阶级"或"次无产阶级"似乎是更合适的称呼："未伴随工业化的城市化进程"是区分第三世界城市马尼拉、里约热内卢、西贡、开罗、曼谷与发达国家城市的核心特征。因为这些人处于社会的最底层。法农认为，相比之下，既定的工业无产阶级——如果存在的话——相对而言是幸运和安全的，正如法农所指出的。因此，移民们构成了一个阶层，这个阶层处于那些可能只有劳动力可出卖，但至少成功地将其出售的人之下。我们几乎可以称之为"非劳动阶级"，这个短语带有双重含义，一方面指"非劳动阶级"与同他们离得最近的参照群体有接近性，他们的这些成功的邻居们构成工人阶级；另一方面，强调了二者之间的明显的社会距离——即工作岗位上的"资产"①。

越来越多的人面临着一个世界，在这个世界里，他们必须在日益减少的选择中做决定，以实现众人设想的美好生活。他们体现了法农的哀叹——除非他们选择这样一条道路，即改变他们用来做选择的那些选项，以及随之而来的选择缺乏的情况，否则他们来得真的太晚了。"问题群体"这一主题以及改变社会关系的必要性——他们的行动经由这些社会关系变得有意义，从而使得他们能够成为"行动的"人——再次显现。沃斯利的反思加中了法农派的要害，因为它辨识出衰落和不切实际的人文科

---

① 沃斯利的《弗朗兹·法农和"流氓无产阶级"》，第208-209页。这种劳动过剩导致了全球范围内残酷的剥削实践的恢复和加剧，包括奴役；参见乔尔·奎克和达什兰·维格涅斯瓦兰：《奴隶制、迁移和非洲发生的当代奴役》，特伦顿：非洲世界出版社，2013年；简·安娜·戈登：《国家缺失的程度：脆弱性和政治资本》，《当代思想杂志》，2010年第32期，第17-39页；简·安娜·戈登：《理论化当代奴隶制实践：新旧画像》，思比易在线图书馆，2013年11月21日，http://www.scribd.com/doc/185968288/Theorizing-Contemporary-Practices-of-Slavery-Gordon

学存在的问题，以及它对人类的想象力和实现可能性的能力的影响。换言之，法农在分析当时第三世界国家人民在取得他们公开宣布独立的过程中和之后所处的处境时，已将这些挑战考虑入内。他非常清楚地意识到这个时候各方面的风险比以往任何时候都高。他把他的思想建立在恢复自由以及为自己的价值观负责的基础之上，谨慎地提出了如何从新殖民主义过渡到真正的后殖民主义的问题。这一点不同于阿希勒·姆本贝的观点，阿希勒·姆本贝认为新殖民主义将过渡到"后殖民地"——一个在法律上独立但具有殖民地的所有社会学和物质特征的实体[1]。

在他的第三章《民族意识的灾难性冒险》中，法农实际上继续了他对黑人主义的思考，例如，因为在黑人主义这个例子中，由于黑人主义运用了民族主义、种族主义和所有承载着自我利益的群体组织模式，而没有运用以共同利益为前提的群体组织模式，因此造成了误用，进而导致了历史辩证法发展过程中的一个消极时刻。在这里，法农具体化了参与式民主这一老问题。在参与式民主中，政策可能是以利益集体或集体利益为前提的，或者如让-雅克·卢梭在《社会契约》中的著名表述，政策介于一般意志和公共意志之间[2]。一般意志涉及个体利益作为参与者的主要目标。公共意志超越个体利益，关注那些经过反思之后被认为是所有人都需要的事物，而且最后会回归到作为国家一员的每个个体这里。可以借由另一个例子来进一步理解这种区别，这个例子一直是我们对法农作品的解读的潜文本之一。我们可以这么来理解：一方面是放纵、解放和需求，而另一方面是自由、责任和主观能动性，一般意志和公共意志之间的区别就像这两个方面之间的区别。法农提供了民族主义崩塌为

---

① 参见阿希勒·姆本贝：《论后殖民地》，伯克利：加利福尼亚大学出版社，2001 年。
② 关于卢梭的"公共意志"概念以及法农在民族意识方面的创新，详见简·安娜·戈登《克里奥尔化政治理论》，第 3 章和第 4 章，第 95–162 页。

族裔冲突的案例研究，并提出"民族意识"，正如他所表述的可以作为选项和替代方案。他表示，我们的任务是建设国家。由于他所主张的世界是由欧洲现代性所主导，这意味着我们要透过现代国家和现代公民社会的可能模式来思考问题。此处，法农观察到了去殖民过程中产生的几个问题。

首先，新兴的独立国家的监护人经常回避建立新国家这一挑战、更关注他们的私人利益，而这些新国家迫切需要建立运作良好的国家机构。换言之，他们优先考虑的是他们的一般意志而不是公共意志。为什么会发生这种情况？法农对这一过程作过可谓神话式的分析，我称它为摩西综合症。他的方法在他充满力量的格言中得到了总结："每一代人都必须在相对的混沌中发现他的使命，实现它或者背离它"（《世界上的受诅咒之人》法语版，第253页）。法农认为，承担去殖民使命的一代人不一定最适合于开展下一阶段的解放事业。由于致力于民族解放的战士们在这场特殊的斗争中得到了滋养，他们往往在这些方面保持着他们的合法性，这导致殖民关系以新殖民主义的形式永久地处于协商之中。法农的观点包含一个经常被忽视的方面，即其与E.富兰克林·弗雷泽的《黑人资产阶级》之间的相似之处，《黑人资产阶级》是一部最初用法语出版的作品而且无疑在法农于1956年在索邦参加的黑人作家大会上得到过讨论①。弗雷泽是芝加哥大学的一位社会学家，他认为，虽然美国有黑人中产阶级，但它是建立在服务业经济和种族关系协商的基础之上的。换言之，他们的"资本"纯粹是政治和文化的。由于缺乏物质资本，他们无法建立或改变黑人的整体物质条件，因此他们更像是处于所谓的流氓无

---

① E. 富兰克林·弗雷泽：《黑人资产阶级》，巴黎：普隆书店，1955年。该书的英文版为：E. 富兰克林·弗雷泽：《黑人资产阶级：给美国黑人带来自我启示冲击的书》，纽约：自由出版社，1997年。

产阶级和工人阶级之间的关联物——它也可以被称作为一种"流氓资产阶级"。法农在他的研究中采纳了这一观点，他考察了新兴国家取得形式上的独立后发生的事情。他的诊断是，这些国家在作垂死挣扎，"民族资产阶级发现了它的历史使命：充当中介"（《世界上的受诅咒之人》法语版，第 193 页）。这种资产阶级往往包括为民族解放而战的领袖们，他们现在面临着一种深植于解放斗争的合法性，以至于他们经常陷入协商之网当中，其后果是殖民关系当着作为英雄的解放者的面得以维持。他们成为了国家利益的阻碍①。

此外，法农还有一个论点。尽管他表明我们必须反对这种资产阶级，他们毫无用处，因此他们是寄生物，但是问题的复杂性在于，更年轻的一代人应该做什么，不管怎样，他们也同样受到了去殖民进程的影响。此处的讨论将法农带入了心理领域，因为他在领导层面和受到激烈变革影响的人群这两个方面提出了一些颇有难度的问题。法农考虑的并不是暴力的分析逻辑与结构——虽然他以自己对这两个方面的探讨开篇，而是野蛮暴力所带来的创伤性影响。如果规范被扰动，野蛮行为便会发生，以平衡生命的价值。法农回忆过一个民族解放阵线士兵杀害一个女人试图平衡曾发生在他母亲身上的同样的残忍行为；法农还谈到，有一群阿拉伯男孩杀害了他们的密友——一个法国白人男孩，他们以此作为在一种对阿拉伯人生命漠不关心的虚无主义环境中对自己的主观能动性的维护。这些案例研究出现在法农著作的尾声，一个引人关注的方面便是法农分析它们的目的。增加这些令人不安的事件的叙述显然不是为了宣传，那么，法农在向读者讲述这些事件时，可能想做什么呢？

---

① 另见阿米尔卡尔·卡布拉尔：《团结与斗争：演讲与著作》（巴兹尔·里斯布里杰·戴维森作导言），纽约：每月评论出版社，1979 年；奥卢费米·泰沃在罗伯特·L.阿林顿编的《哲学家指南》（马尔登：布莱克威尔出版社，1999 年，第 5-12 页）中的《卡布拉尔》一文。

在这一点上，法农想要明确表示，他并不是要刻画殖民主义和反殖民斗争的浪漫肖像。正如我们在他的著述中看到的那样，他始终强调的是，殖民主义是一种不断上演暴力的制度。历史证明了他在这方面的信念是正确的。一位评论家最近对法国殖民作了评论，他几乎描述了所有欧洲殖民地所发生的一切：

> 定义法国与阿尔及利亚之间关系的隐形框架是暴力。这种暴力从 1830 年开始，到 1962 年结束，一直是法阿殖民经验的核心。殖民时期的暴力，无论是征服、移居还是征收，都以强迫的方式重塑了集体身份和个人身份，在这个过程中，记忆和怀旧获得了历史意义。暴力成为了"制度"的一部分，并且通过种族主义话语和镇压行为被纳入到殖民社会的社会结构中。因此，殖民地的人们被这种存在所标记，这不断地破坏法国人和阿尔及利亚人之间产生公平关系的可能性[①]。

这种制度产生了怪物，而法农的清醒表现在他承认并阐明了甚至连克服这种制度也是怪异的。要理解这一点，我们应该思考一下"怪物"这个词的词源。"怪物"（monster）一词来自拉丁语"monstrum"，其不定式是"monere"，最初意味着展示或证明。怪物是一些事物出了差错的征

---

① 帕特里夏·M. E. 洛尔辛的《阿尔及利亚与法国，1800—2000》，导论，第 22 页。所谓的新世界的殖民化提供了许多实例，如 C. L. R. 詹姆斯：《黑人雅各宾派：杜桑·卢维杜尔和圣多明各革命》（第 2 版），纽约：文特奇出版社，1989 年，第 1 章 "财产"。另见更为近期的纳尔逊·马尔多纳多 - 托雷斯：《反对战争！现代性的底层的视角》，达勒姆：杜克大学出版社，2008 年；乔治·西卡里洛 - 马赫：《启动去殖民引擎：从法农到查韦斯的象征性暴力》，《理论与事件》，2010 年第 13 卷第 1 期，https://www.academia.edu/733141/Jumpstarting_the_Decolonial_Engine_Symbolic_Violence_from_Fanon_to_Chavez?login=&email_was_taken=true。

兆①。它们的出现提醒我们必须要去克服什么，而在克服行为中将怪物具
体化则提醒我们接下来会迎来更多的改革阶段。此外，价值体系也必须
被改变，因为它们产生了维持殖民关系的各种类型的人。法农在他的时
代质疑了他那个时代支配社会变革的理论绝对性的种种前提假设，包括
正统马克思主义，正如他与萨特的关系以及他拒绝恩格斯所反映的那样。
正统马克思主义认为革命是一门关于不可避免的斗争的科学，其可能性
的条件是由生产资料所有者和工业劳动者之间的紧张关系所产生的。这
种模式优先考虑了欧洲的城市和技术中心，实际上却让当时所谓的第三
世界人民在等待他们自己的现代化的过程中忍受了很多，他们想要通过
现代化进入革命，成为历史的一部分。法农的回应与可以被称为黑人激
进传统的许多观点相似：那种革命观念的错误在于，它将殖民主义和种
族主义视为次要方面。它未能探讨殖民地资本主义和商业资本主义的特
殊性这一问题，在这些资本主义中，殖民地的人民被视为原材料的来源，
大都市的工人劳动力被带来与之混合。然而，如果被殖民的人民不能等
呢？将殖民主义的消亡描述为一种社会变革，而非革命性的社会变革，
这是否正确？

　　对这个问题的探讨使法农加入到了 W. E. B. 杜波依斯和 C. L. R. 詹姆
斯的阵营，这两位思想家都阐述了基于被种族化和被奴役的人民的斗争
的革命观念。讽刺的是，他们的立场可以归结为小马丁·路德·金在伯
明翰监狱写给基督教领袖的信中的表述："为什么我们不能等。"②换句话
说，存在一个双重标准：黑人总是被劝告等待，而白人从不必等。可能

①　这种对克服一个以暴力为前提的世界所面对的困难的关切，后来被许多书写后殖民地生活的作家所采纳。
一些例子包括阿基勒·姆贝姆贝的《论后殖民》（伯克利：加利福尼亚大学出版社，2001 年），莱昂哈德·普
雷格的《暴力的几何学》（斯泰伦博斯：SUN 出版社，2007 年），以及简·安娜·戈登和路易斯·R. 戈登的
《论神的警告：解读现代的灾难》（博尔德：典范出版社，2009 年）。
②　关于这一点的更多信息，见简·安娜·戈登和路易斯·R. 戈登的《论神的警告》，第 2 章和第 4 章。

性的条件不会自行出现，它们是经由人的行动产生的。这提醒我们法农注意在《黑皮肤，白面具》中所说的话语："但是，社会，不像生物化学过程，不能逃脱人的影响。社会通过人来实现"（《黑皮肤，白面具》法语版，第8—9页）。法农和其他的这些黑人革命理论家拒绝了封闭的辩证法模型——该模型要求培养一个现代资产阶级和一个与之对立的无产阶级作为革命的必要和充分条件，事实上，是革命的唯一条件，他们将"如果被殖民的人民不能等呢?"这一问题视为一个开放性的问题，与当前斗争所处的特殊环境相关联。因此，如果去人性化的的基本条件是奴隶制，那么革命就必须植根于改变这种制度；如果去人性化是与劳动相关的种族主义，即种族化的奴役，那么战胜种族主义就需要改变这种制度。法农当时分析的殖民状况是所有这些情况的集合，加之处于形式化的后奴隶制统治下的那些殖民地上的最大群体，人口占比最大的人群是农民和失业者，这些国家以大片的农村地区为主，生活在城市中心的大量的失业者依靠非法经济生存，这些城市中心没有足够的工作来雇佣他们，他们实际上就是流氓无产阶级。

在批评新殖民主义价值观以及它们如何制造后殖民地的过程中，法农提出了地理政治学批评视角和阶级批评视角。地理政治学批评质疑了首都城市作为政治居住地和组织社会生活的场地的必要性。例如，现代非洲城市面临非洲农村地区复杂的政治需求这一现实难题。法农认为，在这种社会结构中出现的城市精英缺乏物质资本，但他们依靠政治资本成为了殖民地大都市之间的中介。结果是，被忽视的基础设施、管理不善的国家贷款、灾难性的失业，以及"流氓资产阶级"的出现——用弗雷泽的话来说，一个"无用"的精英阶层（《世界上的受诅咒之人》法语版，第217页）。要假定这种社会结构的必要性，则必须以那些掌控人民的文化限制和历史束缚为条件，这被意大利富于革新精神的马克思主义思想家安东尼奥·葛兰西称之为霸权——

> 占主导地位的基本群体强加于社会生活总的方向，而广大民众给予它"自动的"同意；占主导地位的统治群体因其在生产世界和……国家强制力中的地位和功能而享有威望（和随之而来的信任），而这种威望在历史上导致了这种默认。另一方面，国家强制力"合法地"对那些主动或被动地不"同意"的群体施加规训。然而，当自动同意没有发生时，建立这种机制是为了在自动同意没有发生的情况下，服务于整个社会，促使它抢先在危机时刻爆发前进行指挥和引导①。

赋予统治群体或领导者合法性的种种支撑力量是霸权关系的特征，霸权关系甚至可以在人民的实际利益被忽视、搁置的情况下建立。因此，葛兰西在讨论他称为有机知识分子的那些人时，提出了这一问题——占主导地位的群体或那些被赋予合法性的群体服务的最终利益是什么？很可能，知识分子群体、领导者群体或政党与他们用霸权统治的人民有一系列相对立的利益关系，他们因此与这些利益有机地联系在一起②。带着对经典马克思主义的质疑，法农以类似的方式指出，其他群体，包括农民、所谓的流氓无产阶级以及无产阶级，必须参与建设国家的事业，因为占主导地位的群体与其他利益势力有着共生关系。

---

① 三部代表性作品分别是：W. E. B. 杜波依斯的《美国黑人的重建，1860—1880》纽约：自由出版社，1998年；C. L. R. 詹姆斯：《黑人雅各宾派：杜桑·卢维杜尔和圣多明各革命》（第2版），纽约：文特奇出版社，1989年；小马丁·路德·金：《我们何以不能再等待》，纽约：西格内特经典，2000年。

② 安东尼奥·葛兰西：《狱中书简选集》，昆廷·霍尔、杰弗里·诺威尔－史密斯，译，纽约：国际出版社，1971年，第12页。欲了解更多的讨论，请参阅简·安娜·戈登的《政治理论的克里奥尔化》第136-137页，以及塞基－奥图的《法农的经验逻辑辩证》第85-86页。

法农说了什么

　　有一个抽象概念引导了许多的革命思想——"人民"。法农的分析聚焦当时所谓的第三世界和欠发达国家的人民，他们主要是有色人种民众。需要明确的是要解放的主体是谁、要改变的对象是谁以及把他们作为群体束缚在一起的条件是什么。在题为《论民族文化》的一章中，法农分析了这个问题，这将法农带回到了黑人主义。当不同群体的黑人被聚集到黑人主义的旗帜下时，他们面临一个实际的问题，即除了遭受反黑人种族主义铁蹄的碾压（也就是，他们在反黑人种族主义的世界中都变成了"黑人"），他们的文化特殊性非常显著。这一观点不仅适用于那些具有双重意识的混血黑人，他们的双重意识同时体现了作为黑人意味着什么以及拥有某种欧洲国家身份意味着什么，而且也适用于非洲的许多当地群体，他们的身份可能在种族、族群、国家等层面上呈现出三重或四重的自我，例如黑人（种族）、伊博族（族群）、尼日利亚（国家）、英国（国家），而在黑人主义的理念下，所有这些都被假定为一个种族化的整体：非洲人。法农认为这些具有欺骗性（《世界上的受诅咒之人》法语版，第259—263页）。合法性并不来自于文化遗产或种族真实性的证明；法农主张，合法性来自于积极参与社会变革的斗争，以及创建培育和解放前殖民地人民的机制和思想（《世界上的受诅咒之人》法语版，第269页）。因此，他说道："问题的关键在于要了解这些人（艺术家、知识分子、政治领袖）打算给他们的人民什么样的位置，他们决定创造什么样的社会关系，以及他们对人类未来有那些规划。这才是重要的。其他的一切都是谎言和迷惑行为"（《世界上的受诅咒之人》法语版，第282页）。随后，他提出了一个"看似矛盾的"观点：

　　　　在被殖民的国家，最基本的民族主义，最粗糙、最未分化
　　的民族主义，是捍卫民族文化最热烈和有效的手段……在殖民

情境下，文化被剥夺了民族和国家的双重支撑，便会枯萎和死亡。其存在的条件是民族的解放和国家的复兴（《世界上的受诅咒之人》法语版，第292—293页）。

法农承认民族文化作为一种凝聚力来源对于构建"人民"身份有着重要价值。但他进一步指出，这种民族文化必须是一种有生命力的文化抵抗形式，这种文化抵抗方式可以避免法农之前在《种族主义与文化》中描述的僵化（他现在称之为"石化"）：基于实践，这种文化生产必须为自己去神秘化，类似于他在《阿尔及利亚革命的第五年》中阐释的变革时刻。它必须是一种面向未来的文化生产，这悖论式地使其挑战它自身的永恒性。这是一个基于法农哲学人类学的一个基本方面的复杂的论点：对法农而言，人是一种关系性的存在，这意味着真正的人类活动总是超越它自身的。法农因此得出了结论：

> 自我意识并不是封闭而不交流，哲学反思教导我们，恰恰相反，自我意识是交流的保障。不是民族主义的民族意识是唯一能够带来国际视野的东西[1]。（《世界上的受诅咒之人》法语版，第295—296页）

法农随后回到他对殖民和去殖民的讨论，以阐释一个令人不安的观点。他认为，殖民环境迫使被殖民者怀疑他们自己的人性。考虑统治与压迫之间的差别："在德国占领下，法国人仍然是人；在法国占领下，德

---

[1]　安东尼奥·葛兰西的《狱中书简选集》，第5-15页。对法农和葛兰西之间的相似性的讨论，请参阅塞基-奥图的《法农的经验逻辑辩证》，第148-49页；胡里亚·本图哈米：《从葛兰西到法农，去中心化的马克思主义》，《当代马克思》，2014年第55期，第99-118页。

国人仍然是人"（《世界上的受诅咒之人》法语版，第300页）。然而，受种族降格机制控制的被殖民的主体其处境却并非如此。"因为殖民主义从体制上否定他者，它坚决拒绝承认他者所有的人性属性，殖民主义迫使它统治的人民不断地问自己：'实际上，我到底是谁?'（《世界上的受诅咒之人》法语版，第300页）"。

鉴于法农关于非存在地域、关于人身处低于自我–他者关系处境的论点，这个问题可以被更精确地重新表述为，"我是什么?"这种质询在面对失去土地和固有的目的论过程受阻（例如人们自己的自我批评形式）时，引起了精神异化。去殖民过程释放出一系列暴力力量，使殖民制度许许多多的双重标准，以及在一个曾经看似绝对和必要的世界中的偶然性浮出了表面。在这个"地狱"的中心的是无处不在的憎恨的典型方向。于是，但丁的《神曲·地狱篇》作为一个切题的诅咒寓言回来了。维吉尔最终向但丁的主人公展示了两个敌人，其中一个被仇恨吞噬了，以至于他脖子以下的身体被冻在地狱冰冷的中心时，他还啃咬着他的敌人的头部。法农展示了被仇恨消耗的可怕含义。回想一下，我们曾经必须放弃一些依赖和价值观，通过这样做，我们将会找到我们的出路，用但丁的话来说，即我们会显现，以"再次——看到——星辰"①。这正是法农在最后恳求我们所有人——"为了欧洲，为了我们自己，为了人类，重新开始（法语原文的字面意思是"长出新皮肤"），发展一种新思想，并且尝试开创一种新人性"——时所表达的意思（《世界上的受诅咒之人》法语版，第376页）。

法农这最后的呼吁激励我们思考许多问题，其中包括概念与物质

---

① 关于民族主义和民族意识之间的区别的更多信息，请参阅简·安娜·戈登的《克里奥尔化政治理论》。另请参阅维瓦尔第·让－玛丽：《法农：集体伦理学与人道主义》，纽约：彼得·朗出版社，2007年，第145–159页。尤其是该书的《民族文化作为人道主义最终形式的出现》一章。

现实形成之间的关系，以及价值观在概念和物质现实形成过程中的作用——它们的规范潜力。回想一下我们对弗朗兹·博阿斯的讨论——原始主义之所以不奏效，是因为时间错位这一谬误——也就是说，认为某些人群属于更早的时代的观念。价值观辩论中的欧洲中心主义同样也是谬误的。借鉴我们之前对神义论、强化的双重意识、里奥尔化等概念的讨论，我们可以思考法农所得出的结论中的一个尚未考虑的可能性。强化的双重意识讨论霸权社会及其统治群体的虚假的普世主张。它们的特殊性隐藏在它们所宣称的普遍性的伪装之下。看到这些主张之外的可能性，就是在通过超越它们而使它们相对化。换句话说，它们被一套承认其局限性的从属称呼从目的论上搁置了。把宣称的普遍性当作偶像揭示了一种神义论体制：一种通过压制现实而霸权地获得类似神的地位的神正论体制。对这种虚假性的阐明扩大了规范性的宇宙，或者更准确的说，扩大了多元宇宙。它还将系统试图分离的那些术语集合在了一起。这种融合是知识层面上的克里奥尔化，承认文化和实践价值观的潜在现实。其结果是批判殖民思想甚至是后殖民思想中盛行的假设——即前现代的（显示为"传统的"）规范 vs.现代的（读作"普遍的"）规范。

　　这里揭示的是一个反复出现的谬误，即被殖民者在被征服和殖民的时期结束了他们的价值观生产。这假设被殖民主体处于一种规范性的昏迷状态中，直到取得独立的时刻才被唤醒。然而，法农的关系性哲学人类学表明，殖民化开启了一个新的语境，新的价值观从中产生，这些价值观涉及殖民地现状以及对这些现状的超越。殖民群体通常忽视历史地看待他们的价值观——认为它们是永恒的、永久的、没有动态性的——这并非偶然，因为维持权力的努力被映射到未来，因而跨越了时间。另一方面，被殖民者渴望变革，这意味着如果未来像现在一样，那么对他们来说未来便失败了，这意味着对殖民时代的评估事实上是对严重的不

法农说了什么

公正和缺乏的评估。后者因此是非常现代的。换言之，他们的规范理论
与被殖民者和殖民者主体实际生活的现实世界相协调。那就是现代世界。
尽管表述所谓的前现代时期的具体用词可能仍然存在，但它们的含义在
特别现代的一系列关系中得到了发展。结果便是，无论斯瓦希里语词语
"uhuru"① 一词和恩古尼语词语 "ubuntu"② 过去的意思是什么，它们都
通过它们过去几百年被应用的独特历史情境改变了，在过去的几百年里，
它们被用以理解最初表述它们的社群中发生的事情。正如法农在他批评
希腊－罗马主义时所暗示的，这在规范层面上提出了去殖民和变革这一
问题。全球南方正在形成一些新的概念，而且很可能正在形成新的规范。
由于现在人类正面临全球压缩，八十亿人正在考验自然资源的可持续性，
对于大多数人来说，生活的经济条件，即工作——如沃斯利所示——由
引发缺乏的条件支配；而且，作为人的意义受到各个方面的考验和挑战，
从性别到种族到性取向再到技术融合，人们认为已经承认了以前的规范
未能解决历史上发生的一些情境，而众所周知这些情境已经领先一步。
对法农的结束语的附录的思考为我们提出了与人类规范相关的一些问题，
甚至超越了正义。

今天接受这一挑战的理论家有时被错误地归于"来自全球南方的理

---

① 但丁·阿利吉耶里：《但丁·阿利吉耶里的神曲》，艾伦·曼德尔鲍姆，译，纽约：班坦图书，1980 年，
第 33 卷，"地狱篇"，第 139 行。
② 关于这一推理线索的更多内容，参见路易斯·R. 戈登在莱昂哈德·普拉格编的《人道：策划档案》（斯
科茨维尔：夸祖鲁－纳塔尔大学出版社，2014 年），第 10-26 页发表的《另一种正义：关于人道的思考》；
以及在特定全球挑战中此类富有想象力的追求规范性的例子，参见德鲁西拉·康奈尔：《南非的法律与革命：
人道、尊严与为宪法转型而作的斗争》，纽约：福特汉姆大学出版社，2014 年；奥斯卡·加迪奥拉－里维拉：
《如果拉丁美洲统治世界会怎样？南方如何在 21 世纪引领北方》，伦敦：布鲁姆斯伯里出版社，2010 年；沃尔
特·米格诺洛：《西方现代性的黑暗面：全球未来，去殖民化选择》，达勒姆：杜克大学出版社，2011 年；朱
莉娅·苏亚雷斯－克拉布：《种族、权利与反抗：超越人权与发展的替代方案》，伦敦：罗曼与利特尔菲尔德
国际出版社，2015 年。另见博阿文图拉·德·苏萨·桑托斯：《民主化民主：超越自由民主经典》，伦敦：维
尔索出版社，2005 年；博阿文图拉·德·苏萨·桑托斯：《另一种知识是可能的：超越北方认识论》，伦敦：
维尔索出版社，2007 年。

166

论"的标题之下。法农觉得这是不可接受的，因为他的主要论点不是互动相对主义。其实，这些理论家寻求的是更具普遍性的实践。尽管不是那种普遍的，但因为作为人存在的核心的根本的不完整性，超越特殊性这一悖论同时也是认识到现实和人类潜力的广阔与可能性的谦逊的表现。在观念－规范或者规范性观念的融合中建立新概念和规范，这是《世界上的受诅咒之人》的遗产①。

面对萨特

完成书稿后，法农把它交给了兰茨曼，请兰茨曼把书稿拿给萨特看一下，并问他是否愿意为这本书写序言。当时，法农的名声（和恶名）已经很大，他不需要萨特的认可来推广这本书。毕竟，《阿尔及利亚革命的第五年》非常成功。那么，法农邀请萨特是否类似于卡佩西亚和维诺斯需要或寻求一位著名白人男性的文字的权威力量来实现合法化呢？

关于他为何邀请萨特承担这一责任的猜测各不相同。一种考虑是，萨特在《辩证理性批判》中用七十多页篇幅讨论法国对阿尔及利亚的殖民主义统治体现的种族主义，以及法国为维持其殖民统治的恐怖行为的例证，这给法农留下了深刻印象。但这本身并不构成邀请的根本理由。实际上，一个表现亲近和赞同的声明就足够了。还有另一种可能性。回想一下，在《黑皮肤，白面具》中，法农曾指责萨特在《黑人俄耳浦斯》中指出黑人主义是一种反种族主义的种族主义并表示它将黑人意识革命化为逻辑辩证过程中的一个消极时刻——在这一逻辑辩证过程中"普遍"

---

① 萨特的思想和反对阿拉伯主义的行动在当时的阿拉伯知识分子中产生了巨大影响。参见约阿夫·迪－卡普阿：《阿拉伯存在主义：去殖民思想史中无形的一章》，《美国历史评论》，2012年第117卷第4期，1061-1091页。

的马克思主义无产阶级将会通过与黑肤色的、棕肤色的和白肤色的工人之间的跨种族联盟显现出来，进而引入令人一匹特洛伊木马，指向黑人的符号抵抗和心理抵抗。最近，一位评论家表示，这一立场开创了一种独特的萨特式黑人主义 [①]。这种革命立场的现实原则再次被证明是白人理性。正如我们在讨论《黑皮肤，白面具》时所看到的，法农认为这种伴随白人性的断言是一种死亡，萨特通过它成了一个需要面对的典型。而且，法农对萨特怀有钦佩。在法农的眼中，萨特对阿尔及利亚战争的公开立场——他的两套公寓被炸证明了他的公开立场在法国令他的生命处于险境，这在政治上为他挽回了影响。但更重要的是，法农不是一个黑人分离主义者。他寻求的是一项多种族的后殖民事业。法农所属的民族解放阵线派系至少更倾向于世俗主义，这使得其成员能够分享他对阿尔及利亚成为多种族共生的国家的希冀。还有什么比与当时最杰出的白人反殖民斗争知识分子合作，共同呈现这部关于暴力、反暴力以及塑造新人性的必要性的作品，更能证明法农的反种族主义不是一种种族主义呢？法农自己代表了批判和创造力，但与萨特合作，便证明了这样的一个后殖民未来是可期的。

然而，还有第三种可能。法农也有充分的理由尊重萨特，而不是陷入心理分析学上的绝望追求——从一个白人父亲那里寻求授权。弗朗西斯·让松是萨特的密友。让森不可能在没有给萨特发送书稿副本的情况下出版《黑皮肤，白面具》，萨特与其他许多著名法国资深白人知识分子不同，他不排斥更年轻的知识分子的作品，包括有色人种的作品。萨特很像他那个时代的爵士音乐家，他们将更年轻的音乐家视为同他们平等

---

① 对萨特式黑人主义以及法农的回应的批评讨论，参见赖兰·拉巴卡：《各种各样的法农主义》，兰汉姆：列克星敦书局，2010年，第72—82页。

的人，或者认为这些更年轻的音乐家完全有潜力媲美或超越他们的表演。关于那些年的萨特的学术研究倾向于作这样的叙述：完成《存在与虚无》后，萨特继续就他承诺要研究的伦理学进行写作。之后，他准备写《伦理学的笔记》，但最终却放弃，因为他被冷战期间发生的历史事件所触动，他开始对由苏联所代表的马克思主义越来越失望。1952年，萨特应邀在波兰演讲，他最终开始通过长篇文章《方法的问题》重新思考马克思主义，该文章最初以《马克思主义与存在主义》为题发表在波兰期刊《创造力》（1957年）上，同年晚些时候该文又以它最为知名的名字发表在《现代时代》杂志上。这些反思在他的巨著《辩证理性批判》的第一卷（1960年）中达到高潮。这个叙述与以白人为中心的、欧洲中心主义的萨特完美契合。然而，我所研究的萨特是一个会认真对待法农在《黑皮肤，白面具》第五章中对《黑人俄耳浦斯》的失望和反对意见的知识分子。这会警告萨特，他在《伦理学笔记》中发展出来的黑格尔式阅读浸透着他对马克思主义辩证法的召唤，这羞辱了黑人的自由，他曾对这些被奴役的人投入了相当多的研究并且给予了他们象征性的死亡之礼[1]。法农的批评揭示了封闭的辩证推理的危险，实际上，萨特从1952年开始的反思是关于发展一种真正开放的，即辩证的辩证思维形式。换句话说，这种辩证法并没有显示出它是辩证的。这些研究的高潮基于这一论点。那么，法农是否会以波伏娃通过赖特影响法农的方式影响萨特呢？法农是否也注意到了萨特视角的变化及其可能的来源呢？如果我是对的，那么萨特根据更年轻的知识分子所提供的东西重新思考他的立场的能力，将会引起年轻知识分子极大的尊重。尽管这种推测推翻了"法农寻求合

---

① 参见他的《狱中书简》附录中的论述，以及我在《不诚实与反黑人种族主义》（大西洋高地：人文国际出版社，1995年）中的讨论。

法性"这一观点，即萨特的工作会是验证法农的论点，但它并没有消除这一问题——法农为他的文本寻求一个没有必要的序言。这第二个重要问题的答案在于萨特实际所写的文字。

第一章《论暴力》曾发表在《现代时代》杂志上，该杂志当时的编辑团队包括萨特、波伏娃和其他几位 20 世纪中期颇有影响力的法国知识分子。萨特同意写序言，并与波伏娃于 1961 年的夏天在罗马会见了法农，当时萨特和波伏娃正在度假，而法农正前往意大利北部治疗由白血病引起的风湿病，他在途中路过了罗马。罗纳德·海曼在关于萨特的有影响力的传记中描述了他们的会面：

> 尽管两年前法农在罗马的一家医院时，他在一名刺客找到他的房间前侥幸逃脱了，但法农还是来到了罗马。他和萨特共进午餐后，一直谈话到凌晨两点钟，当波伏娃恳求道萨特需要睡眠时，法农的回答是："我不喜欢那些囤积资源的人。"他告诉朗茨曼："如果能够让我和萨特从早到晚聊上一整天，连续两周，我愿意每天支付两万法郎。"事实上，他们几乎不停歇地聊了三天。在阿尔及利亚战争中，法农一直在向游击队提供药品，他训练游击队员们如何抵抗酷刑以及如何在放置炸弹或投掷手榴弹时保持冷静。根据波伏娃的说法，法农在描述黑人的"反暴力"和阿尔及利亚人的复仇时，脸上的表情比他在谈论被比利时人致残的刚果人或被葡萄牙人致残的安哥拉人时要少些痛苦——这些受害的刚果人和安哥拉人的面部被打得扁平，嘴唇被刺穿并上了锁。法农指责萨特没有做足够的事情来弥补作为法国人的罪行：他怎么能继续试图正常生活呢？十天后，法农在前往突尼斯时路过罗马，并在罗马停留，这两个人再次交谈，

可是，这是他们的最后一次会面……法农一离开罗马，萨特就开始写（序言），他写作的狂热程度不及他在巴黎初夏时。"我在重新构思自己。"他说道[1]。

萨特在重新构思自己时，法农返回突尼斯继续他为阿尔及利亚争取民族解放的斗争，他在更广泛的、争取全世界的人类解放的大背景下分析了这场斗争。萨特写了序言，就像《黑人俄耳浦斯》一样，它饱受争议。在某些情况下，评论《全世界的被诅咒之人》的那些人，其中最著名的是汉娜·阿伦特，实际上是在反对萨特，他们认为萨特只是在对法农的立场作准确的诠释[2]。这些评论家如果读了书的其余部分，将会为他们进行评论提供很大的帮助。他们没有看到的是，萨特并不认为验证和诠释是他的使命。事实上，萨特在表达他自己的想法，他的灵感来自于他在他自己的作品《批判》中对暴力的探讨，他的激进主义——包括将他的智慧能量投入到当时第三世界新独立国家的奋斗中，以及他与法农的戏剧性相遇。他开场的评论清楚地表明了这一点，他试图用他全部的修辞力量，推翻那些选择将他（萨特）作为授予白人理性合法性的霸权的声音来阅读的人所期望的权威视角和道德高地的种种假设。

不久前，这世界上有二十亿人：五亿人和十五亿本土居民。前者拥有词语，后者借用词语。在这两者之间，小国王、封建领主和由这一切制造出来的假冒资产阶级充当中介。在殖民地，真实是赤裸的，"大都市"更喜欢它穿着衣服。不知何故，他

---

① 罗纳德·海曼：《萨特：一种人生》，纽约：卡罗尔和格拉夫出版社，1987年，第384-385页。另见艾伦的《弗朗兹·法农：一部精神传记》，第159-161页。
② 参见汉娜·阿伦特：《论暴力》，纽约：哈考特·布雷斯·约万诺维奇出版社，1969年。

们必须要让本土居民爱他们，像爱母亲那样爱她们。欧洲精英
们决定制造一群本土精英，他们挑选了青少年，用烙铁在他们
的额头上打上了西方文化的基本原则，他们把大而苍白的词语
塞进他们的嘴里，这些词语粘在了他们的牙齿上。在大都市短
暂停留后，这些青少年被偷偷地送回了家。这些活生生的说谎
者对他们的同胞没有什么可说的，他们大声喊道，"帕特农神
庙！博爱"！此外，他们嘴里还蹦出来自巴黎、伦敦、阿姆斯特
丹和非洲某地、亚洲某地的词语，他们嘴唇张开，发出"……
特农……情谊！"这是一个黄金时代。（《世界上的受诅咒之人》
法语版，第 37 页）

萨特提及过去的黄金时代宣告了殖民地政党的终结。他没有带来福
音，而是带来了即将发生的事情的预兆。这段文字揭示了《黑皮肤，白
面具》中的几个明显的主题，从自恋到导致幽闭恐惧症对语言的规定和
支配。强加的镜像这一主题再次出现，但它这次带着一个转折：萨特认
为，殖民主义和种族主义所渴望的渴望之物被拒绝了。欧洲人性不再被
视为神或者至少不再被当作神来对待，萨特认为，欧洲人性现在面临着
一切自恋者的噩梦：不相关。正如他后来所写的：

相反，法农说欧洲完了，并不是在拉响警报。他做了一个
诊断。这位医生并不打算不经上诉就谴责（我们已经听过奇迹
了），也不提供治疗方法。他只是得出结论，她正在死去。作为
一个局外人，他的判断是基于他搜集到的症状。至于治疗方法，
不：他心里还有其他事情。无论欧洲是死亡还是存活，他都不
在乎。因为这个原因，他的书声名狼藉。如果你尴尬地咧嘴

一笑，低声说道，"他真的对我们有意见！"那么你就错过了中伤的真实性质：法农对你没有任何"意见"；他的书，对其他人热情，却让你冷冷清清；他经常谈论你，但从来不是对你言说。黑人龚古尔奖和黄肤色的诺贝尔奖已经一去不复返了：被殖民的获奖者的时代已经结束了。一位说"法语"的前本土居民以新的主观能动性应用这种语言，并仅将其用于称呼被殖民者。（《世界上的受诅咒之人》法语版，第39—40页）

众所周知，萨特理解这一点，尽管历史在诺贝尔奖和其他的第一世界认可和表彰等方面已经展现出了相反的情况。法农试图超越认可的陷阱，这确实以萨特非常熟悉的方式威胁到了社会制度：不是仇恨让那些持殖民心态的人感到害怕，而是他们的不相关性令他们感到害怕。

实际上，萨特最后一次见到法农是在十月下旬，在罗马的一家旅店的房间里，法农病得太重，甚至说不出话来。萨特在他身边坐了好几个小时，却没有意识到他自己可能也象征着法农年轻时担心的那种白人收割者。萨特对这位强大的革命家的最后印象是，他几个月前似乎还是一个精力无穷的人，而现在却躺在旅店房间里的床上，他虚弱的身体枯竭、扭曲，他仍在与即将到来的死亡作斗争。

结　语　致信使的安魂曲

法农……从未仅仅致力于一项事业。他全心全意、毫无保留、毫不犹豫地投身于他为之奋斗的每一项事业。他慷慨激昂，充满了热情。

——艾梅·塞泽尔

随着法农的病情恶化、身体每况愈下，他的战友们敦促他听从苏联医生的建议，去美国寻求治疗。他最终同意了。然而，他面临另一个问题。当时，美国政府日益介入越南问题，美国显然是法国坚定的盟友，在这种情况下，法农该如何前往那里呢？这必须秘密进行，并需要他经常批评的政府的侦查部门的援助。彼得·盖斯马尔具体描述了这一情况：

这位黑人医生对于情报机构来说是个不错的、可以加以利用的人选……华盛顿在有关民族解放阵线左翼分子的档案中增加内容；法农对其他的非洲解放运动了解甚多。他的思想和活动对西方第三世界的利益构成了威胁[1]。

---

[1]　彼得·盖斯马：《法农》，纽约：日晷出版社，1971年，第182页。

中央情报局特工奥利弗·伊塞林以承诺的隐秘方式将"伊布拉欣·法农"护送到了美国①。然而，研究法农的学者们对接下来发生的事情并不清楚。有传闻称法农去了纽约市并在那里离世，也有传闻称他留在了华盛顿特区。然而，为人们所广泛接受的说法是，法农被安置在华盛顿特区的杜邦广场酒店，好几天没有得到治疗，直到他患上了肺炎。谁知道中央情报局在法农因病昏迷时可能从他那里得到了什么信息？可能他们没有得到太多信息，因为法农是抵抗酷刑的专家。当他在布利达－让维尔医院担任主任医生时，他把这些技巧教给了民族解放阵营的成员们，这导致他最终辞职并且公开参军。他训练游击队在最恶劣的条件下如何不泄露秘密。他被中央情报局拘留期间就是这样以身示范的。当法农被送到贝塞斯达时，他已经濒临死亡。

这位二战期间被授予勋章的革命者经历了几次输血。在最后一次之后，他对乔西说道："他们昨晚把我彻底清洗了一遍"。②

法农——一个为了消除种族和种族主义影响（这些概念在开始提出时便以禁止流血战争为显著特点）而投入了大量理论能量和政治能量的人，却面对着血液疾病导致的死亡，这很讽刺。

"种族"一词在词源上来自词语"raza"③，居住在信仰伊斯兰教的人们统治的伊比利亚半岛的安达卢西亚的基督教徒用这个词语来指代狗、马的品种，他们用它来指代人类的群体时，指的是摩尔人和犹太人。作为来自北非的信仰伊斯兰教的人们，摩尔人以及犹太人（其中的许多人是由限制犹太教改信其他宗教和与基督徒混合的四世纪罗马法令界定的）

---

① 帕特里克·艾伦回顾了法农和伊塞林在这段艰难经历中复杂的猫鼠关系，参见帕特里克·艾伦：《弗朗兹·法农：一部精神传记》，纽约：十字路口出版社，2000年，第158-164页。
② 帕特里克·艾伦：《弗朗兹·法农：一部精神传记》，纽约：十字路口出版社，2000年，第165-166页。艾伦的翻译是："昨晚他们又把我放进洗衣机里了。"
③ 参见塞巴斯蒂安·德·科瓦鲁维亚斯·奥罗斯科的《语言的宝藏》（1611年）。

代表了对基督教规范的一种偏离。鉴于那段历史，我们可以看到法农的观察包含了许多洞见，包括憎恨犹太人的人也总是憎恨黑人。1492 年，摩尔人在格拉纳达的失败之后，评估剩余的从信仰犹太教或伊斯兰教改为信仰基督教的改宗者的真实性的宗教裁判开始了，这个过程导致人们被要求证明自己的"血统纯正"①。标准是：出身"纯粹"为基督教的个体才能被视为纯正的基督教徒。此处，纯粹概念源自神学自然主义，神学自然主义认为自然是由它与神学教条的一致性决定的。由于自然的一切事物都来自神学中心，摩尔人和犹太人成为了关于诅咒的人类学的原型实例，而这种关于诅咒的人类学走上了通往现代术语"种族"的道路，例如，弗朗索瓦·伯尼埃在他 1684 年的记述《地球的新划分》中对"种族"这个词语的使用。

用今天的话来说，法农身体里沉睡的自我毁灭基因被唤醒了。他的身体被四处流动的癌症所占据，正在自我吞噬。这些基因以某种方式将法农与他的一些祖先、他的"血亲们"联系起来，这种方式重复了他在《黑皮肤，白面具》中对身体、血液和绝望的咸湿液体的著名反思。他的分析值得探讨并稍作阐述。让我们以布鲁斯的重复行为来重温他年轻时的思想。回想一下，在第五章中，法农通过自传式的反思将前几章主题化，这些反思涉及一个小男孩指着他喊道"瞧，一个黑人！"引发的危机所激发和催生的各种形式的自我意识。法农预设了非种族性，他意识到这假定了白人对现实的规范性立场，随着黑人这一无意识意象将他作为所指对象而附着在他身上，这种预设被粉碎了。

"谁？我吗？"他似乎在问，而世界围绕着他，将他封闭起来，不给

---

① 对黑人存在的这种双重困境的讨论，参见路易斯·R.戈登、简·安娜·戈登：《神的警告：解读现代的灾难》，博尔德：典范出版社，2009 年，第 84 页。

他任何出口。

那副身体，他的身体，想要一个避难所，一个让它能够以自身价值和信念的流动的确定性来移动的世界，然而，他发现自己被困住了，被一系列他不想要的指称纠缠着，所有的这些指称都是强加于他的，将他包裹在一个看似封闭的命运当中，令他倒到了地上，他准备扮演为他设定的角色：黑人是一副黑人身体，被视为一个未能成功的失败之人，一副坏了的身体。这样的一副身体中流淌着有害的血液，作为液体，它不断冒着溢出界限、污染四周的风险。因此，无论是黑人精神病医生、黑人作家、黑人歌唱者、以及诸如此类的一大堆黑人职业或身份，在否定成员身份合法性的愚蠢行为中，这一神经官能症患者的角色被揭示出来：他的出席构成了缺席。根据定义，除了他自己的非法性以外，他与任何事物的一切关系都是非法的，尽管，正如白人在演出模仿黑人的滑稽剧上获得的成功所表明的，更激进的非法性被要求：显然，黑人甚至拙于作为他自己而存在①。他存在的悖论在于他的存在的非存在。即使他努力证明他的存在，正如法农对黑人主义的探索所揭示的，但都明显失败了。可以理解，这种处境导致了绝望，而且导致他哭泣。但是，我们应该记住，达到这一点的过程是迂回曲折的。

正如我们所看到的，身体在法农的思想中具有核心意义。这是因为身体是出现的必要条件，因为被看见即在某处被看见。法农的大部分著述探讨了黑人显现的许多非法维度，包括其神经官能症的、自我挫败的结构：由于这种结构本身是非法的，黑人存在试图在这样一个世界——在这个世界中，他的出现违反社会规范——中被看到。与我们之前对基督教世界和诅咒的观察相比，黑人面对着一个双重堕落的现实，正如我

---

① 理查德·卡文迪什：《魔法史》，伦敦：阿卡那出版社，1990年，第2页。

们所了解的那样，法农将其描述为非存在地域。这更像是一种倒塌而不是坠落，将黑人身体置于偏离和模仿的模式中。就偏离而言，它从一副假定的原初的白人身体中坠落，这引发了这个问题：为什么它不从这副白人身体上升呢？

作为标准，白人身体会使任何方向的偏离运动都变成非法的，无论是向上还是向下，结果都是失败。那么，对偏差的克服似乎就要通过重新获得原初的统一来实现。然而，白人否认原初的统一，因为这将意味着白人性这一中心存在潜在的黑人性，这使得所谓的重新获得成为模仿。就模仿而言，所缺乏的是作为标准的自我的原初优势。换言之，模仿并不是它自己的标准。正如我们所看到的，模仿是一种失败，甚至是模仿成就的失败。这样一来，实现模仿就是未能实现模仿所模仿的东西，即原物。

对法农来说，回想"失败"需要经过社会诊断，因为正如他所主张的，种族主义和殖民主义是社会生成的。在失败的层面上探究需要精神分析学的阐释资源。然而，对失败进行探究带有放弃的危险，因为这一概念隐含着偏向于它的压倒之势的倾向：在失败上失败提供了它自身的悖论。因此，法农冒险穿越失败的雷区。在一个反黑人的殖民世界中，对失败所作的社会诊断依赖于人类构建一个象征世界的能力，这个象征世界至少在构建意义上超越了还原性生物学力量以及其他自然力量。这里的黑人身体，也被标记为"黑人灵魂"，要求从其源头进行去神秘化。这种构造，是人类理解的一个失败，通过各种各样的偶像崇拜的祭祀表现出来：语言、不真诚的爱以及类似法律的心灵生活构成理论。偏离和模仿在每一个运动的失败中显露出来：可以说，黑人作为白人言语的回声显现。

开口说话，伸出手，提供爱的可能性。爱寻求一种映像，这种映像不是它自己的映像。但是，寻求认可导致这样的黑人产生——无论男女，都走向白人的怀抱和映射的眼睛。怀有梦想是在排练崩塌的和封闭的符号所象征的创伤；正如我们所了解的，在殖民主体的梦境生活中，枪就是枪。这些林林总总的失败在法农的自传式反思中反复出现，而这种反思又并非自传。这种看似尴尬的表述与另外一个潜在的论点相关联：一个黑人意味着黑人整体，这意味着与不断逼近的黑人的区分崩溃了。自传是一种受到叙事的种族情境和殖民情境状况阻碍的个体化叙事；法农试图揭示一个其合法性被社会环境否认的内心世界，他作为黑人整体和黑人个体，完成了被认为不可能完成的事情。他实现了魔法。

魔法是看似从无到有地创造出一些东西来控制和支配现实的一种努力①。法农的魔法映射立即从身体上显现出来，但因为其非法性而被标记为未出现。看到这副身体就是承认应该被否认的东西。因此，那些容易受到前反思影响的人，那些还没有被社会化入自我欺骗的社会礼仪规范中的人，会吐出一种包括自我形象在内的形象，这种形象令社会宁愿压制它："瞧，一个黑人！"

这种遭遇让人想起汉斯·克里斯蒂安·安徒生的童话《皇帝的新装》。法农被制度愚弄，带着一个白人的无意识意象走着，而它是白人的则意味着对它的识别会是多余的，因为它被"正常"这个词所包含。因此，作为正常的，法农假设其他人会看到他的白肤色——白肤色应该始终伴随着他的白面具。就像皇帝的新装一样，法农的白肤色也不在场。这导致崩塌和解体。

自我的组装，或者说重新组装、重新集中思想、重新记忆自我的努力，是法农的身体被归还给他。然后，他以不同的方式看见了这副身

---

① 艾丽斯·切尔基：《弗朗兹·法农：肖像》，伊萨卡：康奈尔大学出版社，2006年，第165页。

体，尽管以前在镜子里看过它。自我作为白色和整体的镜子破碎了。他意识到白人看待自己的方式通过呈现黑人自我质疑了反黑人性。这个自我，这副身体，以前没有与他的身体联系在一起，从坠落中掉落下来，掉入了他已经改变的意识中。法农的反思为他带来了双重意识的两个阶段。在第一个阶段，通过带有异化作用的他人的眼睛看到自己。在第二个阶段，意识到第一个阶段看到的自己是建构的现实。这涉及到阐明强加的自我（崩塌之后的坠落）与日常生活的自我的经验现实之间的矛盾和冲突。对于法农来说，这种阐明已经通过呼吁社会诊断开始了，他观察到黑人是白人的建构，并且通过分析失败和身体继续作阐明。从那个白人小男孩眼睛里的法农的意象出发，将法农的身体视为黑人，法农承认自己被封闭在不确定性的处境中，而非存在主义哲学所描述的身体处于自在状态的原初处境之中。这副身体在它的运动中流动，可以带着期望自由地触及世界，而不必害怕会崩溃为它自身。然而，白人规范性却用"历史－种族图式"拖垮了这副身体，构建了黑人身体，这副身体向内转向，与它自身相冲突，并且吞噬它自己。对于这样一副身体，做到普通平常往往是一项非凡的成就。这导致的结果是一副被无尽的自我否定所破坏的身体，一副多余的身体，一副过度的身体。由于这副身体被过度决定，多余的历史力量为法农扮演黑人这一角色发挥了作用。因此，法农面临着种族主义制度的怪异逻辑，尽管个体取得了进步，但通过颠覆规则和制造例外，这种体制仍然可以维持：例如，将一个有成就的黑人视为黑人劣等性这一规则的例外，从而维护了这条规则。这种逻辑通过与白人的倒转错位来维持：一个白人的失败在大多数情况下仍然视为白人优越性这一规则的例外。这种逻辑使得一副黑人身体作为黑人身体的例外显现，然而，作为一个例外，它与其内部的运作原则冲突、交战。结果是一次对被压抑的病理无奈的努力：例外是规则的绝对性，等待显露。那种对神话般的凝聚力的潜在的重新确立，导致了在种族－历史框架下的沉重行动。

法农终身致力于摆脱那些沉重的、没有自由的意识期待。在每个案例中，作为身体现象的文化变革的潜力都显现了出来。我们在《阿尔及利亚革命的第五年》中看到，阿尔及利亚女性在身体表征方面的各种改变为后殖民国家提出了新的思考问题，对于携带炸弹、穿着西方服装经验自身、在军事行动中学习其他行为举止的阿尔及利亚女性来说，她们体现了一种上升，容纳这种上升的是一种身体与世界的辩证法，超越了没有自由的意识，到达了一种为自由而战的意识。在《世界上的受诅咒之人》的最后一句话中，恳求采取了请求的形式，请求培育一种新的皮肤，通过这种新的皮肤一种新的人性得以诞生。不过，在《黑皮肤，白面具》前部分的内容中，法农以思考身体上的自由作为结论。

当受到压迫的，被具身化的意识因被过度决定而内转，质疑压迫的意识的方向则指向外部，这是由辩证批判产生的第二种双重意识。法农的第一本书呈现了这一祈祷，他的生命即将走到终点，他从未停止过他的询问、质疑，展现他的人本主义承诺，这个承诺最终是对生命的承诺。

他的妻子乔西和他的儿子奥利维尔被带到了他的身边。他偶尔谈到他未来的事业。他设法给他的朋友罗杰·泰布写了一封信：

　　罗杰，我想告诉你的是，死亡总是伴随着我们，重要的是确定我们为我们信仰的思想尽了最大的努力，而不是知道如何避免死亡。当我躺在这张床上时，我感到力量正从我的身体中流失，让我震惊的不是我正在死去，而是我身处华盛顿特区，很快会死于急性白血病。三个月前，我已经知道我得了这种疾病，我本可以在战场上直面敌人而死去。如果我们不首先为一项事业，人民的事业，自由与正义的事业，而奋斗，我们在这个世界上就什么都不是。我想让你知道，即使医生已经失去了所有希望，我仍然在想，虽然有迷雾笼罩，但仍然在想，阿尔及利亚人民，第三世界人民，如果我设法坚持下去，那是因为他们[①]。

法农处境的悲剧在于，他与他的身体的紧张关系通过死亡的戏剧性过程完成了一个循环。从他早期对令人畏惧的表皮模式的反思，到现在他的生命力受到了他十年前所害怕的那些显微镜的检验。不再面对爆炸，他发现自己正在经历溶解、消散和枯萎。他在作为医学专业学生期间创作但未完成的剧本《平行的手》使用的隐喻，出奇地预示了他后来的结局：

> 那些宣判我的命运的溢血的星辰
> 停止吧！……
> 不再看见哑默的白人性
> 不再看见死亡。

1961 年 12 月 6 日，在给泰布写信的几天后，法农对抗"哑默的白人性"——对他来说就是死亡本身——的斗争结束了。他在许多威胁他生命的事件中幸存了下来：童年时期，一次结果可能会更糟糕的枪支事

---

① 引自乔比·法农：《弗朗兹·法农，我的兄弟：医生、剧作家、革命家》，丹尼尔·内瑟里，译，兰汉姆：列克星敦书局，2014 年，第 61 页。

故；二战期间在战场上受了两次重伤，他因英勇战斗被授予勋章；在突尼斯的远征中，被吉普车爆炸的冲击力抛出车外；以及红手党的刺杀者在北非和南欧四处搜寻他。他从发生的这一切中幸存了下来，可是，最终，他的身体里，他的血液的细胞里，细菌和病毒这些微小刺杀者却占了上风。

　　法农的兄弟乔比收到了通知他法农去世的电报，几天后，他又收到了法农给他的一张便条。乔比解释道，这封信上有他的完整地址。法农之前从未在信中写过他的地址。乔比的解读是，这是一种求助的呼声①。法农可能更希望他的遗体被投向敌人。乔比表示赞同。然而，他却被带到了突尼斯，然后被带到了阿尔及利亚，在那里，长长的送葬队伍为他举行了纪念受尊敬的战士和烈士的军事仪式，他被安葬了。

图 11　法农葬礼的送葬队伍

_____

① 　参见乔比·法农的《弗朗兹·法农，我的兄弟》，第100-101页。地址：伊布拉欣·法农医生，13号东房217室，国家卫生研究院，马里兰州，贝塞斯达。

有句话曾说："名字里有什么含义？"

然而，在法农的生命结束时，他的名字具有预言的意义。"弗朗兹"是通过发音行为标识了他母系的阿尔萨斯血统。这是阿尔萨斯语说"法国"的方式。而"奥马尔"源自阿拉伯语和希伯来语。在阿拉伯语中，它的意思是"繁荣"，用于诸如"长寿"和"终极奉献者"等短语中。如果进一步追溯到希伯来语，这个名字则意指"雄辩的演说者"。这个男人拥有将法国、阿拉伯和以色列 / 巴勒斯坦汇集在一起的名字，他尊敬这个名字。他的雄辩具有传奇色彩。然而，对于一个在三十六岁时大脑和心脏就停止了运转的人来说，中间名"奥马尔"初看起来似乎有些奇怪，因为它意味着长寿。这个悖论是多方面的。法农去世时，他的影响是深远的。他的影响如此深远，从国家及其机制到思想的创造潜力，都因他短暂生命中的行动和话语而生长繁茂。阿尔及利亚已经没有布利达－让维尔医院，但法农留下许多遗产——包括阿尔及利亚国家图书馆所在的大街，有一家现在以这位年轻人的名字命名的医院，他融合了如此多的世界，他的祈祷继续启发我们提出问题。

后　记

　　路易斯·戈登无疑是弗朗兹·法农作品最重要的读者和批评家之一。在这本书中，他开辟了新的领域，特别是他对《黑皮肤，白面具》中关于跨种族关系最有争议的两章进行了重新审视。《黑皮肤，白面具》探讨的跨种族关系事例首先由一位有色人种女性讲述，然后由一位黑人男性叙述。但是，为了阐明戈登分析这些章节的背景，我想先回顾一下法农作品中的一些核心思想，这些核心思想也为戈登所强调。首先是，黑人仅仅因为他们的肤色所投射的意义，就被强制塞入匿名状态，戈登已经有力地论证过了这一点。正如戈登雄辩地指出，"讽刺的是，每个黑人因为被命名为'黑人'而变得无名无姓"（第 2 章）。这种匿名性对于解释作为一个独特个体的"我"在维护自身时为什么会不断地被种族主义的现实否定至关重要。这种种族主义现实否认有黑人男性或黑人女性这样的人类现象。所以，正如戈登有力地告诉我们的，黑人被迫进入一种非存在处境或者一种非存在地域。如果他们是黑人，他们便作为事物存在，甚至于，就像戈登提醒我们的那样，他们作为怪物存在。戈登在他早期关于法农的著述的基础之上增加了内容，描述了黑人经验是如何不断被黑人必须忍受的种族主义所否定的，他指出，这种否定的形式否定黑人的任何主观生活。如果 W. E. B. 杜波依斯提出"作为一个问题意味着什么？"是美国非裔生活的基本问题之一，他试图强调的是，问题不在于黑人，而在于种族主义；然后，戈登则告诉我们，法农又带我们往前走了一步：黑人们不得不坚定地表示他们不是问题，我们需要理解被迫囚禁

185

在非存在地域是如何使黑人几乎不可能提出问题的："我们想要什么?"当然,在完全彻底的种族主义世界中,对这个问题的第一个也是唯一的一个答案似乎就是逃离。那么,我们如何逃离呢? 正是在这个社会世界中,黑人男性和女性被封闭在称不上人类之名的的互动之中,因为那里没有相互性。戈登解读了法农分别探讨马约特·卡佩西亚和让·韦诺斯的两章。批评这两章的研究者们常常简单地认为它们是针对跨种族关系。但是,事实上,正如戈登的解读,法农是在提出一个更深刻的观点。首先,反黑人的种族主义否定性别差异,引用戈登的话来说就是,"反黑人女性和反黑人男性陷入了相同性"(第 2 章)。这种性别差异的丧失是抹去有色人种女性经验的独特性的具体体现之一。对于戈登来说,当法农探讨有色人种女性时曾写道,他"对有色人种女性一无所知"。实际上,他提醒他的听众,他在担任执业精神病医生的时期极少或根本没有接触到有关有色人种女性的临床研究著述,这要么是因为有色人种的同胞们对精神病学持怀疑态度,所以把他们患病的家庭成员送去接受其他形式的治疗,要么是因为已有的临床医疗报告被埋在关于有色人种女性的那些刻板印象之下。那么,卡佩西亚从她的白人情人那里想要得到什么呢? 答案简单而具有悲剧性,她想成为白人。戈登颇有说服力地解读了卡佩西亚渴望他所称的"爱的话语"。爱的话语允许卡佩西亚持这样的幻想:用话语说出来的爱让她看起来像是一个令人向往的对象,而令人向往的对象只能是白人。因此,"我爱你"这句话并不意味着"我爱你,即使你是有色人种女性",它们反而变成了一种魔法,赋予有色人种女性一种观念,即使只是在幻想中,这观念便是,如果她被爱,她一定的的确确"是白人"。

　　同样地,让·韦诺斯在一位白人女性身上寻求一种幻想,即他最终成了一个男人。不是种马,不是出卖色相的男性,而是一个男人。因此在这个虚幻的爱的世界里，你被允许从非存在地域逃离到一个"让我们假装我是白人"的世界中。当然，这种尝试悲惨地失败了，而且导致了一种自恋式的崩溃。卡佩西亚最终被她的情人抛弃，被迫成为单亲妈妈。韦诺斯则实践了他认为的唯一的方法，即通过抛弃他所谓的白人情人来维护他的独立性，这位情人赋予了他一个逃离种族主义的所谓的私人世界。正如戈登告诉我们的，韦诺斯是一个孤儿，所以他的自恋危机可以简单地看作是遗弃综合症。但与此同时，戈登也告诉我们，这并不能完全解释韦诺斯的行为。他不能作为一个黑人男性成为一个男性。一个女性，即使是一个白人女性，也没有一个男人那样的力量来映射他是一个被渴望的白人对象。这似乎表明，黑人男性和黑人女性之间存在身份差，但正如我指出的，种族主义抹杀了性别差异，它通过将男性和女性都置于他们作为被性别化的事物的刻板化印象之下来做到这一点的。表面上，种族主义似乎在实行跨种族爱情，但实际上却完全禁止跨种族爱情的可能性。这怎么可能呢？因为最终，作为被性别化的事物的黑人男性和女性，永远无法实现成为值得渴望和爱的对象这一身份。精神分析学家雅克·拉康告诉我们，镜像阶段或想象阶段对每一个人将他或她自己的身体上的存在整合为一个"我"是必要的。但是，对一个黑人男性和女性来说，被否定的正是我在我的早期研究中称为"想象领域"的。相反，黑人身体被强加的正是它的"我"性这一概念，一个男人或一个女人的"性"被投射为既被美化又令人恐惧的事物。通过这种方式，对男性和女性而言，他们的"性"都已经被"怪物化/妖魔化"，这是法农经常使用的一个术语。因此，男性和女性都被剥夺了自恋的那些首要条件，所以，不足为奇，在一个种族主义社会中，许多人承受着巨大的痛苦和精神崩溃。黑人作为一个被美化的"阳物"，永远无法成为（英文词首字母大写的F）父亲。这就是为什么在法农看来，俄狄浦斯情结不能描述也不能解释黑人男性气概的某种崩溃。正如戈登所述，"没有一个黑人父亲可以映照出英文词首字母大写的父亲这一形象。因此，也没有为母亲而进行的斗争——通过这种斗争来发出对父亲的进攻，这也可以是性欲望的表达"（第3章）。法农远非批评跨种族关系，而是以一种深刻的方式向我们展示了性别差异其本身是如何被种族主义摧毁的。因此，个体逃离非存在的方法是不可行的。但是，他同时也强调，女性主义探索的那些关于性别的基本问题对于革命和去殖民过程至关重要。女性主义并不是旁白，等到夺取国家政权时才有意义。它也不能归结为在一切形式的生活中要求平等的一系列要求，尽管这也很重要。相反，去殖民和女性主义要求人类改变，法农也总是呼吁我们，人在性爱和性别的领域中需要改变。新的人类将从革命中崛起，而且唯有在革命中崛起，必须完全转变彻底种族化的性爱幻想——在这些幻想中，黑人女性和男性只能够通过社会投射的关于他们的幻想来爱别人，可是这些幻想并不符合他们实际的样子。我们都知道，讲述殖民者对被禁忌的他者的渴望的故事多不胜数。这通常要采取禁止婚姻的形式，因为如果允许一个黑人女性嫁给一个白人男性，这将否认她作为一个被性别化的对象被物化的现实。她的存在只为愉悦，并且只存在于阴影之中。她不能进入到被公认为某人妻子的公认的伦理世界。女性主义的关切，自亚历山德拉·科隆泰以来，始终要求彻底改变我们的性爱生活，远离不平等和压迫，这在戈登对《黑皮肤，白面具》那两章的解读中得以突出和强调。

对黑人主体生活的强调贯穿了戈登对法农的整个解读过程，这使戈登能够重新分析法农与像黑人主义这样的运动以及更普遍的本土价值观的复兴之间的复杂关系。正如戈登所坚持的，法农在一些复兴本土文化的努力中看到了一种僵化的过程。文化不再是鲜活的遗产，它反而变成了博物馆保存的那些静止不动的被石化的物件，这种假设性地会让我们想到原始生命形态。要复兴本土文化和民族文化，那么必须通过一场革命，在这场革命中，它们被认为鲜活的。这是法农在资产阶级的国家意识和民族斗争的民族文化之间做的一个关键区分。当然，法农经常因为他对暴力的那种男子气概式的支持而受到谴责。但是，戈登正确地指出，法农非常清楚任何一种武装斗争的危险，尤其是可能变为复仇的那种愤怒的自发性。正如戈登告诉我们的，法农并不认为暴力本身是革命性的。当武装斗争变得具有变革性时，它才具有改革性。戈登强调，在法农讨论阿尔及利亚革命的书——现在被称为《垂死的殖民主义》，即戈登提及的《第五年》——中，法农不断地转向革命武装斗争具有变革性的那些方面，以及一种新的人类是如何在迫切需要的变革行为中出现的。只有通过这种新的转变进入一个新的物种，进入一个人类世界，参与武装暴力的个体们才能痊愈，进而能够共同地形成一个人类世界。法农的写作有时仿佛在暗示，那些参与革命的人可能永远无法从创伤中痊愈而成为这个新世界的一部分。但是，他更经常性地强调，如果这是可能的，那我们就必须根本性地改变我们是谁。的确，革命要求夺取国家权力；的确，革命要求建立一个新政府；的确，革命要求完全由人民控制经济。但它同时也要求我们在日常生活的每一个方面都有所不同。戈登已经阐明，法农仍然是我们最重要的主张革命性变革的思想家之一，这就是为什么他的作品继续激励着仍在寻求重建一个更公正的世界的所有人。我们欠戈登一个情，因为他告诉了我们法农说了什么。

德鲁西拉·康奈尔